Susanne Dereser & Christine Göttert

Glücksorte in RheinMain

Fahr hin und werd glücklich

W0171186

Droste Verlag

Dieses Buch gehört

Vorwort

Lieber Leser,

Glück hat oft so gar nichts Barockes, es kommt nicht pompös verkitscht und mit Strass-Steinen verziert daher, posaunt seine Größe nicht lautstark hinaus. Im Gegenteil. Glück ist oft eher ganz einfach, puristisch und leise. Es ist ein großes, aber ruhiges Gefühl. Eins, das uns ganz unvermutet immer dann überkommt, wenn all unsere Sehnsüchte und Träume, dieses ganze innere Getöse einfach mal Ruhe gibt und uns, wenigstens für einen kleinen Augenblick, mit der Gewissheit alleine lässt, dass hier und jetzt gerade alles genau richtig ist. Oft sind es besondere Orte, an denen wir solche Gänsehautmomente erleben. Wir nennen sie Glücksorte und finden sie auch direkt vor unserer Haustür: mitten in der Metropolregion RheinMain. Im Herzen Europas gelegen finden sich unzählige magische Orte, eine Auswahl derer, die uns glücklich machen, haben wir für Sie besucht und beschrieben. Manche kennen wir schon seit Jahrzehnten, einige sind uns im Lauf der Recherche für dieses Buch begegnet, und wieder andere wurden uns von Freunden empfohlen. Sie sind unterschiedlich und vielfältig, das Glücksgefühl darf sich mal mitten in der Natur entfalten, mal im pulsierenden Frankfurt, und manchmal kann man das Glücksgefühl auch geschmacklich oder akustisch erleben. Wir wünschen Ihnen auf jeden Fall viel Freude mit dem Buch, sei es beim Pilgern im Rheingau oder einer Schifffahrt durch das Mittelrheinthal. Genießen Sie den wunderbar facettenreichen Kontrast aus Flusslandschaften, Mittelgebirgen und Weinregionen und die Vielfalt der Region beim Entdecken unserer Lieblingsorte in Frankfurt, Wiesbaden, Mainz oder den Fachwerkstädtchen des Taunus. Entfliehen Sie ganz bewusst dem Alltag und lassen Sie es zu, dass sich der Zauber der vorgestellten Orte auch bei Ihnen entfaltet, Sie zum Lächeln bringt und glücklich macht. Und … vergessen Sie nicht die Erinnerungsfotos, denn das Glücksgefühl kann mithilfe der Erinnerung an das schöne Erlebnis wieder aktiviert und noch mal gefühlt werden.

Ihre Susanne Dereser und Christine Göttert

Deine Glücksorte ...

4

... noch mehr Glück für dich

Verliebt in lange Ohren

 Das Großeselgestüt Odins Mühle in Bornich

Der Weg ist das Ziel, heißt es, und wer mit Eseln wandern möchte, der kann diese alte Weisheit unmittelbar erleben. Die Langohren reisen langsam, und wer sie begleitet, der muss sich auf ihr Tempo einstellen. Eselwandern ist „in", und einer der Orte, an denen der viel beschäftigte Mensch von heute sich gerne entschleunigen lässt, ist Odins Mühle, ein kleines, etwas abseits gelegenes Anwesen im Forstbachtal hinter der Loreley, in der Nähe des kleinen Örtchens Bornich. Hier stehen sie und grasen, dösen, spielen: Esel, so weit das Auge reicht. Überraschend groß. Es gibt schwarze, braune, zottelige und schneeweiße. Neugierig und ganz offensichtlich gut gelaunt kommen einige von ihnen zum Weg, um die Menschen zu begrüßen, die hier entlangspazieren. Schnuppern mit warmen Nüstern an der hingehaltenen Hand und schauen mit wachen, erwartungsvollen Augen in die Welt. Diese Ohren! Allein für diese riesigen, flauschigen Ohren lohnt der Weg hierher.

Seit 1991 züchten Sylvia Morgenstern und Friedrich Sauerwein in der ehemaligen Gemeindemühle seltene, vom Aussterben bedrohte Großeselrassen, eine wundervoller und seltener als die andere. *Baudet du Poitou* heißen die großen, schweren und zotteligen Franzosen, *Lichtbringer* nannte der europäische Adel zur Zeit des Barock die weißen österreichisch-ungarischen Esel mit ihrem cremefarbenen Fell und ihren eisblauen Augen. Barockesel sind sehr selten geworden, man schätzt ihre Population auf ca. 100 Tiere weltweit. Pferde sind Fluchttiere – Esel sind da ganz anders, sie rennen nicht gleich kopflos davon wie ihre immer etwas kapriziösen, größeren Verwandten. Der ursprüngliche Lebensraum der Esel war steiles, unwegsames Gelände, sie bleiben lieber erst mal stehen, wenn's brenzlig wird. Nur nicht den Kopf verlieren! Dies macht sie zu vielleicht etwas eigensinnigen, aber unendlich verlässlichen Begleitern. Esel geben das Tempo vor, und genau das macht das Eselwandern zu einer der achtsamsten und gemächlichsten Wanderarten – jede Menge Glücksmomente inklusive.

· ·

⊙ Odins Mühle, 56348 Bornich, Tel. (0 67 71) 70 73
www.esel-loreley.weebly.com
▶ ÖPNV: Haltestelle St. Goarshausen, anschließend mit dem Rad 6,7 km über die B274

 8

Geburt einer Sehnsucht

2 *Die Villa Marienquelle im Nerotal Wiesbaden*

Gesäumt von prachtvollen Villen, sind die Nerotal-Anlagen mit ihren idyllischen Weihern und den liebevoll gestalteten Brücken über dem Schwarzbach ein beliebtes Naherholungsziel für Wiesbadener wie auch für alle Besucher der hessischen Landeshauptstadt. Englische Landschaftsgärten dienten bei der Gestaltung der Wiesbadener Nerotal-Anlagen als Vorbild. Der Park beginnt am Ende der belebten Taunusstraße und endet nach knapp 1 Kilometer am Viadukt der Nerobergbahn. In den 1897/98 angelegten Parkanlagen blühen heute fast 6000 Pflanzen aus aller Herren Länder und verwandeln die rund 6 Hektar große Anlage in ein kleines Paradies.

Beim Spaziergang durch den Park ergeben sich immer wieder atemberaubende Blickachsen auf die prachtvollen Häuser, die sich beidseitig des Parks befinden. Ein besonders schönes Haus ist die Villa Marienquelle, ein spätklassizistisches Baudenkmal aus dem Jahr 1872 mit einem Verandaanbau von 1916. Früher einmal lebte hier der Philosoph und Essayist Oscar Levy, der die erste englischsprachige Nietzsche-Ausgabe herausgab. Heute wohnt in der Villa das Künstlerehepaar Nina Stoelting und Gábor Török. Sie erwarben das baufällige Haus im Jahr 2012 in Teilen und sanierten es äußerst aufwendig und mit viel Fleiß, Kompetenz und Detailverliebtheit drei Jahre lang – stets mit dem ehrgeizigen Ziel, das ursprüngliche Gesamtbild der Villa wiederherzustellen, und zwar unter Verwendung von Originalteilen.

Im Vorgarten, weithin sichtbar, steht eine Edelstahl-Skulptur von Gábor Török, die er eigens für diesen Ort geschaffen hat. Sie trägt den Titel: *Geburt einer Sehnsucht.* Nicht nur Kunstinteressierte besticht die Linienführung des Werks mit ihrer Dynamik, der inneren Spannung und ihrer unglaublich leichten Eleganz. Sehnsucht – das ist eines der deutschen Lieblingswörter des gebürtigen Ungarn. Wenn er es hört, denkt er immer an das Frühjahr, an bräunliche, sterbende Pflanzen, und darunter, kaum sichtbar, ein vorwitziger Grashalm, der sattgrün hervorschießt ans Licht, in seine Zukunft, hin zum Glück.

....

Villa Marienquelle, Nerotal 38, 65193 Wiesbaden, Tel. (06 11) 5 90 05 30
www.ninastoelting.de
ÖPNV: Bus 1, Haltestelle Kriegerdenkmal

Intime Momente mit Gott

Evensong in der Wiesbadener Lutherkirche

Religion ist nicht jedermanns Sache – Kirchen schon eher. Wer nach Ruhe sucht, nach Rückzug aus dem oft hektischen Alltag, der findet in Kirchen optimale Bedingungen. Genau hierfür wurden sie schließlich gebaut, als Orte, in denen der Mensch ausdrücklich zur Selbstbesinnung und inneren Einkehr eingeladen ist – ob nun im Dialog mit Gott oder mit sich selbst. Kirchen sind besondere Orte, und eine besondere unter den Besonderen ist die Wiesbadener Lutherkirche.

Das imposante Gebäude wurde zwischen 1908 und 1910 von Friedrich Pützer gebaut und ist ein echtes Jugendstil-Juwel. Nach außen schlicht gehalten, zeigt sich im Inneren seine volle Schönheit. 1200 Menschen finden im Kirchenraum Platz, 18 Meter breit und 17 Meter hoch spannt sich das Kreuzrippengewölbe, und alle Linien lenken den Blick nach vorne, zur Einheit von Kanzel, Chorempore und Orgel. Dass diese übereinander angeordnet und damit von jedem Platz aus gut zu sehen sind, ist Teil des *Wiesbadener Programms,* eines Kirchenbauprogramms, nach dessen Grundsätzen im ausgehenden 19. und beginnenden 20. Jahrhundert viele Kirchen gebaut wurden. Besonders opulent ist die Ornamentik an der Decke, die Elemente des Jugendstils mit der Malerei der Moderne verbindet.

Viel mehr als diesen weiten, festlichen Raum braucht es nicht für eine Auszeit vom Alltag, noch mehr lässt sich der Ort jedoch genießen, wenn Musik ins Spiel kommt. Die Lutherkirche besitzt neben zwei bedeutenden Orgeln auch den renommierten Wiesbadener Bachchor, der bei großen Konzerten vom Bachorchester begleitet wird. Die Aufführungen haben seit vielen Jahren ihren festen Platz im Kulturkalender der hessischen Landeshauptstadt. Wer es ein wenig intimer mag und religiöser, der kann den Evensong besuchen: Auf der vorderen Chorempore, der sogenannten Sängerbühne, finden samstagabends vierteljährlich Vespern in der Tradition der englischen Evensongs statt. Die Gemeinde sitzt dann um den Chor herum, ist sozusagen mittendrin. Absolut erlebenswert!

Lutherkirche Wiesbaden, Sartoriusstraße 16, 65187 Wiesbaden, Tel. (06 11) 8 90 67 30
www.lutherkirche-wiesbaden.de
ÖPNV: Haltestelle Wiesbaden Hauptbahnhof

Urlaubsfeeling

4 *Der Rheinstrand in Mainz-Kastel*

Eine relaxte Auszeit am Sonntagnachmittag oder einfach mal abends unter der Woche an den Strand? Kein Problem. Der einzigartige Naturstrand vor der Reduitkaserne in Kastel ist in den Sommermonaten ein absolutes Highlight. Sonnenanbeter können hier wunderbar entspannen und von 11 Uhr morgens bis rund 2 Uhr nachts in Liegestühlen oder Lounge-Garnituren direkt am Wasser ihren „Kurzurlaub" genießen. Unter dem großen Kastanienbaum vor den Getränkewagen herrscht eine lockere Biergartenatmosphäre, in den Abendstunden gibt es dezente Beleuchtung und chillige Musik. So freundlich und flink das Personal am Getränkestand auch ist, zum Knabbern gibt es hier nur Brezeln mit Spundekäs. Wer richtig Hunger hat, kann aber einfach in der Bastion von Schönborn einkehren, der angrenzenden Gaststätte.

Der Blick auf die andere Rheinseite und die Mainzer Kulisse ist grandios, vor allem aber scheint hier die Sonne ca. 1 Stunde länger als auf der linksrheinischen Seite und spiegelt sich traumhaft schön im Wasser. Die immer mal wieder vorbeifahrenden Binnenschiffe und Privatboote verstärken das Urlaubsgefühl. Eingerahmt wird das Panorama von dem Restaurantschiff Pieter van Aemstel, den Bögen der Theodor-Heuss-Brücke und dem imposanten Bau des Reduit. Die Kaserne, die zwischen 1830 und 1834 im Zuge des Mainzer Stadtausbaus zur Bundesfestung von den Österreichern errichtet wurde, dient heute unter anderem als Jugendzentrum und Standort des Heimatmuseums Museum Castellum. Letzteres zeigt einen Überblick über die Geschichte des Stadtteils Kastel, nicht zuletzt über seine militärische Vergangenheit. Der Innenhof der Festungsanlage wird in den Sommermonaten für Open-Air-Konzerte und den jährlich stattfindenden Mittelaltermarkt genutzt.

Auch wenn es wirklich glücklich macht, hier am Strand mit den Füßen im Sand einen Cocktail zu genießen, gibt es dennoch eine kleine Einschränkung: Die Rheinströmung ist an diesem Abschnitt lebensgefährlich – man sollte also auf keinen Fall versuchen zu baden! Dafür ist aber der Eintritt kostenlos.

● Rheinstrand an der Reduit, Am Rheinufer, 55252 Mainz
● ÖPNV: Bus 6, Haltestelle Brückenkopf; S1 und S9, Haltestelle Mainz-Kastel

Vom guten Leben

5 Ein Besuch in Erikas Garten in Wiesbaden

„Sieht schön aus", konstatierte der Großvater seinerzeit, als der Sohn dem letzten Gemüsebeet im Garten den Garaus machte und Rosen setzte, wo vorher Stangenbohnen und Kartoffeln wuchsen. „Nur essen kann man's leider nicht." So zumindest wird im Familienkreis die Geschichte vom Ende des Nutzgartens hinter einem Einfamilienhaus am Stadtrand von Wiesbaden erzählt. Einst hatte das Grundstück der Familie durch die harten Jahre geholfen. Es gab Hühner und Hasen, Gemüse, Kräuter, Obst, es wurde umgegraben, gesät, gemulcht und gejätet. Mit dem Wirtschaftswunder war keine Selbstversorgung mehr nötig, das Lagern von Lebensmitteln wurde zu mühsam, und die Gemüsegärten wichen nach und nach Rasenflächen.

Eine große Wiese gibt es immer noch. Die Tannen, die das Gelände umfassen, haben längst Kirchturmhöhe erreicht. Die Borke des alten Flieders, wie er einst beim Bau der Siedlung in jeden Vorgarten gesetzt wurde, ist knorrig, und doch blüht der Baum jedes Frühjahr. Es ist der letzte, der in der Straße noch steht. Und auch der Garten hinterm Haus ist inzwischen etwas Besonderes, weil er mitten in der sich stetig verdichtenden Nachbarschaft in voller Größe erhalten ist. Rechts und links sind die Rasenflächen und Rosenbeete, die einst das Gemüse verdrängten, inzwischen großen Neubauten gewichen. Und so kommt es, dass der Garten bei jedem Besuch ein wenig größer wirkt – parkähnlich, verwunschen und wundervoll. Für das besonders Wundervolle ist Erika zuständig. Als sie vor zehn Jahren, jede Menge Gartenmagazine unterm Arm, in das Haus am Stadtrand zog, machte sie nicht nur den Sohn glücklich – der inzwischen selbst Großvater ist –, sondern verwandelte das ganze Grundstück nach und nach in einen echten Prachtgarten. Der Frühsommer ist die vielleicht beste Zeit für einen Besuch, dann zieht der Duft unzähliger Rosensorten durch den Garten. Im Frühling verzaubert der Magnolienbaum mit seinen mächtigen Blüten. Doch eigentlich ist es egal, wann man ihn sich anschaut: Im Garten ist immer Saison und jeder Besucher willkommen.

••

Erikas Garten, Wiesbaden, genaue Adresse und Anfahrt bitte telefonisch erfragen: Tel. (06 11) 70 13 62

16

Schwelgen in Samt und Seide

6 *Anja Gockel Atelier & Shop in Mainz*

Ganz idyllisch in der Nähe eines lauschigen Parks und inmitten von Kunstateliers gelegen, befindet sich in der Alten Patrone in Mainz das Modeatelier von Designerin Anja Gockel. Hier rattern ständig die Nähmaschinen, Stoffe werden zugeschnitten, aufwendige Hochzeitskleider abgesteckt, imposante Modenschauen vorbereitet – es ist die kreative Keimzelle des Designerlabels. Und gleich nebenan, nur durch einen offenen Durchgang getrennt, befindet sich ein kleines Paradies für modebewusste Frauen: der Shop, in dem die aktuelle Kollektion zum Verkauf angeboten wird. Eine wahre Traumlandschaft – feminines Design, das dem Zeitgeist entspricht, dabei aber stets alltagstauglich und oftmals sehr farbenfroh ist. Hochwertige Materialien sind der Designerin ebenso wichtig wie faire Fertigungs- und Produktionsbedingungen.

„Stil kennt kein Alter", sagt Anja Gockel über ihre Kollektionen, „Stil hat Charakter. Deshalb fertige ich meine Mode für Frauen zwischen 18 und 80." Seit 20 Jahren setzt sie ein klares Zeichen gegen schnelllebige billige Massenproduktionen und kämpft dafür, dass Mode wieder als wertvolles Kulturgut gilt. Dass ihre Mode komplett *Made in Germany* ist, war einer der Gründe dafür, dass sie vom Berufsverband der Designer zur *Designerin des Jahres 2017* gekürt wurde. Im selben Jahr räumte das Luxushotel Adlon in Berlin erstmals seit 110 Jahren seine Lobby für eine fulminante Modenschau: die von Anja Gockel.

Überhaupt weiß die vierfache Mutter viele Erfolge vorzuweisen, so hat sie bereits ihre Mode vor Queen Elizabeth II. in Düsseldorf präsentiert, und zu ihren Kundinnen gehören neben Königin Silvia von Schweden zahlreiche Moderatorinnen und Künstlerinnen wie Marietta Slomka, Barbara Schöneberger und Ann-Kathrin Kramer. Das bedeutet aber ganz und gar nicht, dass Anja Gockel nur die Reichen und Schönen im Blick hat. Im Shop findet man auch ganz wunderbare freche Rheinhessen-T-Shirts mit selbst gezeichneten Motiven. Vielleicht kann genau das einen Besuch im Atelier & Shop abrunden – und glücklich machen.

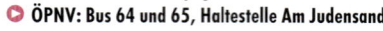

Anja Gockel Atelier & Shop, Am Judensand 59 e, 55122 Mainz, Tel. (0 61 31) 6 34 16 17
www.anja-gockel.de
ÖPNV: Bus 64 und 65, Haltestelle Am Judensand

Einkaufen mit allen Sinnen

7 *Auf dem Mainzer Wochenmarkt*

Das Internet hat unser Essen entdeckt. Food & Groceries sind das neue Ding im Netz. Onlineshops und Lieferservice-Angebote sprießen wie Pilze im virtuellen Raum, und so manche Million haben Online-Start-ups bei dem gescheiterten Versuch, dem Kunden den Gang in den Supermarkt abzugewöhnen, in ebenjenem virtuellen Raum bereits versenkt. Klar, selbst einzukaufen kann anstrengend sein. Lange Schlangen an den Kassen, Gerangel an den Regalen, zu viel Auswahl oder zu wenig. Oft sitzt uns die Zeit im Nacken, und nicht selten stimmt auch die Qualität nicht.

Die schönste Alternative dazu heißt allerdings nicht Onlineshop, sondern Wochenmarkt. Und einer der schönsten der Region findet jeden Dienstag, Donnerstag und Samstag rund um den Mainzer Dom statt. Von 7 bis 14 Uhr wird hier geschlendert, ausprobiert und eingekauft. Samstags findet zwischen Mitte März und November außerdem das *Marktfrühstück mit den Mainzer Winzern* statt. Das besteht traditionell aus Brötchen und heißer Fleischwurst, dazu – natürlich – ein kühler Schoppen. Wer sich dabei Zeit für ein Schwätzchen nimmt, kann anschließend ganz entschleunigt einkaufen.

Vor der beeindruckenden Kulisse des Doms und der barocken Häuserfronten breitet sich auf dem Domplatz eine kunterbunte Marktwelt aus. Stände mit Obst und Gemüse aus der Region, Blumen, Milchprodukten, Fleisch- und Backwaren, alles frisch und bunt und lecker. Es macht Spaß, sich in Ruhe von all den saisonalen und frischen Lebensmitteln inspirieren zu lassen, die Menschen kennenzulernen, die sie produziert haben, Neues zu probieren und sich auf Bewährtes zu freuen. Wie zum Beispiel das wöchentliche Schauspiel rund um den Stand von Eiermann Johannes Scholles, einem echten Urgestein des Mainzer Wochenmarktes, und seinem fedrigen Begleiter, Gockel Moritz, dem heimlichen Star auf dem Platz. Der plustert sich an jedem Markttag zur Freude der Besucher mächtig auf und posiert geduldig für unzählige Fotos. Wer da beim Einkaufen keine gute Laune bekommt, ist selbst schuld.

● Mainzer Wochenmarkt auf den Domplätzen; *Marktfrühstück mit den Mainzer Winzern*
samstags auf dem Liebfrauenplatz, Domstraße 14, 55116 Mainz
● ÖPNV: Haltestelle Höfchen/Listmann

Wellness nach römischer Art

8 *Die Kaiser-Friedrich-Therme in Wiesbaden*

Aquis Mattiacis, an den heißen Quellen der Mattiaker, suchten bereits vor 2000 Jahren die Römer Heilung und Erholung. Hier blieben sie und richteten sich häuslich ein, denn schließlich galt: *ubi bene, ibi patria* – wo der Römer baden konnte, da fühlte er sich zuhause. Über 300 Jahre genossen sie das milde Klima und die sprudelnden Thermalquellen von Wisisbada, dem „Bad in den Wiesen", wie dieser Ort dann später genannt werden würde. Später, im Mittelalter, machten Weinanbau und Badefreuden Wiesbaden zu einem Ort, an dem es sich gut leben ließ. Daran hat sich bis heute nichts geändert, die mondäne, zwischen den Hängen des Taunus und dem Rheingau gelegene Stadt zählt zu den Orten mit der höchsten Lebensqualität in Deutschland.

26 Quellen sind es insgesamt, die sich dank einer geothermischen Laune der Natur aus 2000 Metern Tiefe an die Oberfläche graben. Rund 25.000 Jahre braucht das Wasser, um nach dem Abregnen aus der Erde wieder emporzusteigen. Seine hohe Temperatur (über 60 Grad!) kommt von unterirdischen Magma-Herden und seine Heilkraft vom Kalzium, Magnesium, Eisen, Mangan und der Kohlensäure, mit der es sich auf seinem langen unterirdischen Weg durch die Spaltenzone des Oberrheingrabens anreichert. Da fühlt man sich schon vom Lesen allein gleich viel gesünder! Noch stärker allerdings entfaltet das Thermalwasser seine Heilkräfte natürlich bei einem ausgiebigen Bade- und Wellnesstag, und zwar am besten in der 1910 bis 1913 im Jugendstil gebauten Kaiser-Friedrich-Therme. Das Herzstück dieses eleganten Badepalastes, das irisch-römische Dampfbad mit seinen Mosaik-Fliesen, die künstlerische Ausstattung, die Malereien, Reliefs und Ornamente erinnern an die luxuriösen Prachtbauten der römischen Antike. Tepidarium, Sudatorium, Sanarium, das Russische Dampfbad und die Finnische Sauna sowie ein Dampfsteinbad bieten ein abwechslungsreiches Saunavergnügen. Dazwischen spenden Lavacrum und eine tropische Eisregenzone erfrischende Abkühlung. Es ist einfach ein Traum!

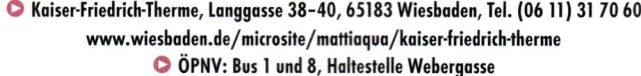

Kaiser-Friedrich-Therme, Langgasse 38–40, 65183 Wiesbaden, Tel. (06 11) 31 70 60
www.wiesbaden.de/microsite/mattiaqua/kaiser-friedrich-therme
ÖPNV: Bus 1 und 8, Haltestelle Webergasse

Verführung mit Tradition

9 *Naschen im Dom-Café in Mainz*

Mehl, Salz und Wasser – aus mehr besteht Blätterteig nicht. Und doch verwandeln sich diese Zutaten auf geradezu wundersame Weise in allerfeinstes, knusprig zartes Gebäck. Was es dazu außerdem braucht, sind Fett und Geduld, denn seine Luftigkeit bekommt der Teig erst durch das sogenannte Tournieren, eine Technik, bei der er immer wieder ausgerollt, mit einer hauchdünnen Schicht aus Butter oder Margarine bestrichen, gefaltet und erneut ausgerollt wird. Dann wieder alles von vorne und gleich noch einmal und noch einmal. Die klassische Blätterteigverarbeitung sieht sechs Touren vor, bei der nach und nach 720 Teigschichten entstehen. Das Fett verhindert, dass beim Backen Wasserdampf entweicht, der Teig geht locker-luftig auf und bildet viele hauchdünne Schichten, die wie Blätter aufeinanderliegen.

Wem beim Lesen jetzt das Wasser im Mund zusammengelaufen ist, der kann sich im Mainzer Dom-Café bei knusprigen Schweinsohren davon überzeugen, wie sehr uns süßes Gebäck tatsächlich glücklich machen kann. Das wussten wohl auch die Herren des Mainzer Domkapitels zu schätzen, als sie dem Zuckerbäcker Franz Anton Alisky im Jahre 1792 die Konzession zur Eröffnung eines Wiener Kaffeehauses erteilten. Die heutige Größe erhielt das Café 1931 durch den bischöflichen Baumeister Bayer. Heute, mehr als 200 Jahre später, wird am Mainzer Domplatz noch immer die feine Kunst der Zuckerbäckerei zelebriert.

Zugegeben, das Ambiente des Cafés ist ein wenig altmodisch. Nichts an dieser berühmten Mainzer Institution ist hipp oder stylisch, und das muss, ja, darf es auch gar nicht sein. Hier sind nämlich die hausgemachten Kuchen, Torten und Pralinen die wirklichen Stars. Markus Stolz, der das Café von seinem Vater und Großvater übernommen hat, legt Wert darauf, die plüschige Kaffeehaus-Atmosphäre beizubehalten, und freut sich, dass das Dom-Café seinen nostalgischen Charme nie verloren hat. Und so kann man mitten in der Mainzer Altstadt direkt am Dom wie eh und je feinste selbst gemachte Gebäckspezialitäten genießen.

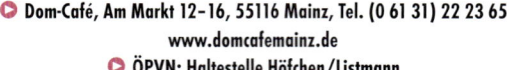

Dom-Café, Am Markt 12–16, 55116 Mainz, Tel. (0 61 31) 22 23 65
www.domcafemainz.de
ÖPVN: Haltestelle Höfchen/Listmann

Eine Oase im Selztal

10 *Die Eulenmühle in Ingelheim*

Inmitten der geschäftigen und trubeligen Rhein-Main-Region steht in idyllischer Alleinlage im Tal der Selz eine urige, 300 Jahre alte Hofreite. Norbert und Wiltrud Heine haben dieses ländliche Refugium kurz vor der Jahrtausendwende erworben und aus seinem Dornröschenschlaf erweckt. Mit viel Kompetenz und Schaffensfreude haben sie hier nicht nur Gästezimmer und einen Gastronomiebetrieb eingerichtet, sondern auch einen Pensionsstall für rund 60 Pferde etabliert, der aufgrund der hiesigen artgerechten Pferdehaltung schon mit vielen Preisen und Auszeichnungen gewürdigt wurde.

Neben dem normalen Reitbetrieb hat Wiltrud Heine den Verein Pro Equis e. V. gegründet und widmet sich mit viel Engagement Pferden und Eseln in Not. Tiere, die misshandelt oder aus nicht artgerechter Haltung befreit wurden, erhalten hier ein neues, glückliches und sorgenfreies Leben. Sie bekommen bestes Futter, viel Zuwendung und riesige saftige Wiesen, auf denen sie sich austoben und miteinander spielen dürfen. Finanziert wird die Notfallhilfe durch verschiedene Veranstaltungen: Malkurse unter künstlerischer Leitung, Konzerte, Musicals, zahlreiche Seminare zu wechselnden Themen sowie die beliebten Tage der offenen Tür, die zwei Mal pro Jahr stattfinden. Dann gleicht der historische Hof einem bunten Erlebnispark für die ganze Familie, es gibt dann Stände mit leckerem Essen und bunten Cocktails, Reiten für die Kinder, Aufführungen mit Pferden und eine große Tombola.

Es besteht aber auch die Möglichkeit, den Verein finanziell mit einer Patenschaft für eines der Pferde, Ponys oder Eselchen zu unterstützen, und das bereits ab einer Spende von 5 Euro pro Monat (natürlich darf es auch gerne ein bisschen mehr sein). Wie schön ist es dann immer wieder, als Spenderin oder Spender hierherzukommen und in der Eulenschänke mit Blick auf die großen Koppeln und die zufriedenen Pferde die köstlichen saisonalen Gerichte zu genießen – und das alles mit der Gewissheit, dass man ein klein wenig zum Glück der Tiere hier beigetragen hat.

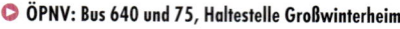

Pferdeschutzverein Pro Equis e. V., Eulenmühle, 55218 Ingelheim, Tel. (0 61 30) 9 40 07 22
www.eulenmuehle.de
ÖPNV: Bus 640 und 75, Haltestelle Großwinterheim

Stil im Store

 Qompendium Work Shop Wiesbaden

Concept Stores sind seit Jahren die Stars am Shoppinghimmel, und ihre größten Erfolge feiern sie in Städten wie New York, Zürich und Berlin. An diesen edlen Orten des guten Geschmacks werden Waren nicht einfach zum Kauf angeboten, es werden vielmehr sorgfältig ausgewählte Einzelstücke *kuratiert,* wie in der Ausstellung einer Kunstgalerie oder im Museum. Dieser Begriff, der aus der Kunstwelt kommt, wird verwendet, um die ungewöhnliche Kombination von Sortimenten und Marken zu beschreiben, die in diesen Läden zueinander in Beziehung treten. Hinter jedem Laden steht ein Kopf, ein Kurator, jemand, der die Vorauswahl trifft, dem Sortiment die individuelle Handschrift verleiht.

Im Wiesbadener Westend ist das niemand Geringeres als die renommierte Designerin, Art-Direktorin und Agenturinhaberin Kimberly Lloyd. Im Untergeschoss der ehemaligen Bäckerei in der Westendstraße berät sie die Kunden ihrer Marketingagentur und stellt ihr edles Magazin *Qompendium* zusammen. Die aufwendig produzierte Publikation ist wegweisend und schafft den großen, aktuellen Bogen, der zeitgenössisches Kommunikationsdesign, Popkultur, Kunst, Philosophie und technischen Fortschritt zusammendenkt. Da lohnt auch mal ein virtueller Besuch unter www.qompendium.com. Das Wirken dieser Frau ist stilprägend, und so ist auch ein Besuch in ihrem Concept Store vor allem ein ästhetisches Erlebnis. Wer sich gerne mit Kunst umgibt, mit stilvoll designten Gebrauchsgegenständen, mit Kleidern und Kosmetik, der wird den Work Shop von Kimberly Lloyd lieben. Geschickt und stilsicher arrangiert sie schöne Dinge zu einer kleinen Sammlung des zeitgenössischen guten Geschmacks, einer wirklich feinen Auswahl an tollen Produkten, weiche Ledertaschen ebenso wie Socken von Henrik Vibskov, Schmuck aus australischem Känguruleder neben Schreibutensilien von Caran d'Ache, Seifen, Buchstützen, T-Shirts, Isolierkannen in herrlichen Farben von Normann Copenhagen oder Kosmetik von Kiehl's und dazu eine große Auswahl an Designbüchern und Magazinen.

Qompendium Work Shop, Westendstraße 11, 65195 Wiesbaden, Tel. (06 11) 40 80 96 00
www.qompendium.com/workshop
ÖPNV: Haltestelle Bleichstraße

Fröhliche Adventszeit

 Das Karussell auf dem Frankfurter Römerberg

Der Weihnachtsmarkt in Frankfurt ist allgemein bekannt und beliebt. Doch kennen Sie auch sein wahres Herzstück? Das Nostalgie-Karussell auf dem Römerberg, das die Besucher schon von Weitem mit den Klängen bekannter Schlager anlockt. Umringt von Fachwerkhäusern und Weihnachtsbuden, steht es zwischen der Kirche und dem alten Rathaus. Für Einheimische ist der Besuch dort eine echte Tradition, ein fester Bestandteil der Adventszeit, auf den sich nicht nur die Kinder jedes Jahr wieder freuen.

Das zweistöckige Karussell ist geschmückt mit einer Vielzahl von Glühlampen, deren strahlendes Lichtermeer jedem Besucher ein verträumtes Lächeln ins Gesicht zaubert. Schon seit 30 Jahren verbreitet es mit seinen Pferdchen und Kutschen ein altmodisches Flair, das dem Weihnachtsmarkt den Zauber verträumter Wintermärchen einhaucht. Besonders schön ist es auf der zweiten Etage, denn dort, umgeben von liebevollen Verzierungen aus goldenen Weihnachtskugeln und Tannenzweigen, ist die Aussicht auf die beleuchteten Hütten und die Kirche während der zweiminütigen Fahrt am schönsten. Man sollte auch nicht versäumen, sich die Decke des Karussells anzuschauen, auf der neben altertümlich gemalten Porträts auch mehrere Frankfurter Wahrzeichen wie der Hauptbahnhof abgebildet sind.

Das Karussell befindet sich schon seit fünf Generationen im Besitz von Roies Karussellbetrieben und ist somit ein echter Familienbetrieb. Doch auch unter den Weihnachtsmarktbesuchern bringt es die Generationen zusammen. Während es vormittags ein beliebtes Ziel für Kindergärten ist, besteigen abends nach ein oder zwei Glühwein immer wieder auch Erwachsene die Pferdchen, Bänke oder Kutschen.

Den besten Glühwein finden Sie übrigens, wenn Sie auf der Seite der Kirche an dem Karussell vorbeigehen, in einer kleinen Seitenstraße, die direkt auf die Kunsthalle Schirn zuführt. Dort befindet sich, etwas versteckt in einem Hinterhof, der Stand der Glühwein Dealer, der 2016 von der Seite *Frankfurt-Tipp.de* als beste Glühweinbude ausgezeichnet wurde.

○ **Römerberg, 60329 Frankfurt am Main**
○ **ÖPNV: U4 und U5, Tram 11 und 12, Haltestelle Römer**

Wo die Kunst zuhause ist

13 *Das Wiesbadener Museum*

Wir schreiben das Jahr 1962. Das Publikum der *Wiesbadener Festspiele Neuester Musik* im Hörsaal des Museums Wiesbadens ist jung und der Zeit entsprechend konservativ gekleidet: die Herren im Anzug, die sorgfältig frisierten Damen im eleganten Kostüm. Was sich dann aber vor den Augen und Ohren der Zuschauer abspielt, schockiert viele der Anwesenden. Die allermeisten lässt es ratlos zurück. Tatsächlich sollte das, was die Performancekünstler an jenem Abend ausgerechnet hier, an den Hängen des Taunus, in einer so beschaulichen Beamtenstadt wie Wiesbaden, zur Aufführung brachten, unter der Bezeichnung Fluxus später Kunstgeschichte schreiben. Mit atonal vorgetragenen Kompositionen wie *Ein zweifelhaftes Lied in vier Richtungen für fünf Stimmen* und vor allem den später zu Weltruhm gelangten *Piano Activities,* bei denen ein Steinwayflügel mittels Äxten, Hämmern, Sägen, Schraubenziehern und anderen Werkzeugen völlig zerstört wurde, zertrümmerten die Protagonisten nicht nur ein Musikinstrument, sondern auch die Grenzen zwischen dem, was Kunst ist und was nicht. Es überrascht daher nicht, dass das Wiesbadener Museum die sogenannte zweite Moderne, die Kunst nach 1960, zu einem ihrer thematischen Schwerpunkte machte, auch wenn das klassizistische Gebäude dies von außen zunächst nicht vermuten lässt. Im Innern aber dominiert nach der Sanierung modernste Museumskonzeption: Strahlend weiße Wände, absenkbare Lichtdecken, die für schattenloses Oberlicht sorgen, und LED-Technik zur Schonung der Exponate. Foyer und Vortragssaal, Cafeteria und Museumspädagogik strahlen hell und rücken auch die Werke des russischen Malers Alexej von Jawlensky (den zweiten thematischen Schwerpunkt des Hauses) ins richtige Licht. Das Museum Wiesbaden besitzt eine der bedeutendsten Sammlungen des berühmten Expressionisten, der ab 1921 in Wiesbaden lebte.

TIPP Der Kunstsammler Reinhard Ernst spendiert der Stadt Wiesbaden derzeit den Bau eines Museums für seine Sammlung, die sich auf abstrakte Kunst nach 1945 konzentriert.

⊙ **Museum Wiesbaden, Friedrich-Ebert-Allee 2, 65185 Wiesbaden, Tel. (06 11) 3 35 33 50**
www.museum-wiesbaden.de
⊙ **ÖPNV: Haltestellen Rheinstraße und Wilhelmstraße**

Gut gebrüllt, Löwe

14 *Der Neroberg in Wiesbaden*

Als Hausberg Wiesbadens ist der Neroberg von jeher ein beliebtes Ausflugsziel. Kein Wunder, denn die 245 Meter hohe Anhöhe, auf der unter Obhut der Hessischen Staatsweingüter auch der Neroberger Wein gedeiht, bietet zahlreiche Freizeitmöglichkeiten. Zum Beispiel gilt das Opelbad, eine exklusive Badeanstalt, die 1933/34 im Bauhausstil als Freiluftbad angelegt wurde, als eines der schönsten Schwimmbäder Deutschlands. Und dann sind da noch ein moderner Kletterwald, ein Ausflugsrestaurant sowie eine sogenannte Erlebnismulde für Kleinkunstaufführungen. Und nicht zu vergessen: die russische Kirche. Wenn die Sonne scheint, sind die fünf vergoldeten Zwiebelkuppeln schon von Weitem sichtbar. Die Kirche im russisch-byzantinischen Stil wurde für die sterblichen Überreste von der St. Petersburger Großfürstin Elisabeth Michailowna und ihrem Kind geschaffen.

Ein schöner Spazierpfad führt die Besucher in etwa einer Viertelstunde vom Tal aus auf den Berg hinauf. Wer nicht laufen mag, den bringt seit 1888 die legendäre Nerobergbahn auf die Anhöhe. Nostalgie pur! Die beiden Wagen der mit Wasserballast betriebenen Standseilbahn sind mit einem Stahlseil verbunden, das über ein nicht angetriebenes Umlenkrad in der Bergstation läuft. Der Tank des jeweils oben stehenden Wagens wird mit bis zu 7000 Litern Wasser gefüllt. Bei der folgenden Talfahrt zieht der betankte Wagen den anderen den Berg hinauf.

Oben angekommen, ist es nicht mehr weit bis zu der wunderschönen historischen Aussichtsterrasse. Sie liegt etwas unterhalb des Bahnausstieges und wird von zwei großen Steinlöwen eingerahmt. Diese gehören zu einem 1930 errichteten Ehrenmal für Gefallene des Ersten Weltkrieges, das von dem Architekten Edmund Fabry und dem Bildhauer Arnold Hensler geschaffen wurde. Von der Terrasse hat man einen schönen Blick auf den Weinberg, die mondänen Villen des Nerotals, auf Wiesbaden und Mainz und bis ganz nach Rheinhessen hinein. Am besten kann man die Aussicht übrigens genießen, wenn man auf den Rücken des linken Löwen klettert.

- Neroberg, 65193 Wiesbaden
- ÖPNV: Bus 1, Haltestelle Nerotal

Wiener Flair und Beletage

15 *Im Wiesbadener Café Maldaner*

Wann haben Sie es zuletzt getan? Sie wissen es nicht mehr? Unglaublich! Unverzeihlich! Dagegen muss schnell etwas unternommen werden. Wenn Sie Kaffee nur noch als Latte to go kennen, aus großen Espressomaschinen mit Hochdruck, viel Milch und künstlichen Aromen in Pappbechern serviert und auf dem Weg zur Arbeit eilig hinuntergespült, dann ist es an der Zeit: Schwimmen Sie gegen den Strom, seien Sie hoffnungslos unmodern, und besuchen Sie mal wieder ein Wiener Kaffeehaus.

Zu den ältesten in Deutschland und sicherlich den schönsten zählt das Wiesbadener Café Maldaner. „Bezeichnet man die Marktstraße als das Herz der Stadt, dann ist das traditionsreiche Kaffeehaus Maldaner ihre Seele", heißt es auf der Homepage des 1859 gegründeten Traditionshauses. „Es gibt keinen besseren Ort, sich aus dem Leben zurückzuziehen, als das Café", beschreibt Eckhart Nickel die einzigartige Atmosphäre solcher Etablissements, „mit der Pointe, dass es nirgendwo sonst gelingt, an diesem Rückzug sogleich den Rest der Welt teilhaben zu lassen." Typisch für die historische Wiener Kaffeehauskultur ist auch das Interieur des Cafés Maldaner – kleine Tische, Thonetstühle, Logen und natürlich die in Holzleisten geklemmten Zeitungen, die fein säuberlich aufgereiht an der Wand hängen. Dieser Stil gilt seit 2011 offiziell als schützenswert, als die UNESCO die Wiener Kaffeehauskultur zum immateriellen Kulturerbe erklärte. Das Wiener Kaffeehaus sei ein Ort, „in dem Zeit und Raum konsumiert werden, aber nur der Kaffee auf der Rechnung steht", so die UNESCO. Nun, für die feinen Kuchen und Torten aus der hauseigenen Konditorei müssen Sie schon auch etwas bezahlen. Aber Hauptsache, es gibt sie noch, die Orte, an denen Kaffee nicht während des Gehens aus Pappbechern getrunken wird. Nach so viel Historismus, nach besonderen Kaffeespezialitäten und Kuchengenuss lohnt noch ein Blick in die Beletage im ersten Stock mit einem ausgewählten und stilvollen Sortiment wundervoller Gegenstände für das eigene Zuhause.

- -

Café Maldaner, Marktstraße 34, 65183 Wiesbaden, Tel. (06 11) 30 52 14
www.maldaner1859.de
ÖPNV: Haltestelle Dern'sches Gelände

Tretboot-Kapitän

16 *Auf dem Steinbrücker Teich in Darmstadt*

„Eine Seefahrt, die ist lustig / eine Seefahrt, die ist schön / ja, da kann man manche Leute / an der Reling spucken sehen." Seit vielen, vielen Jahren besingt das Volkslied den Spaß und die Freude, die eine Bootsfahrt bieten kann. Und das nicht nur auf hoher See: 2 Kilometer östlich von Darmstadt befindet sich der künstlich angelegte Steinbrücker Teich, auf dem man ganz gemütlich Tretboot fahren kann. Ursprünglich lag er in einem ummauerten Jagdgebiet im Darmstädter Stadtwald, das von Großherzog Ludwig von Hessen (1753–1830) genutzt wurde. Heute ist das immerhin 3,7 Hektar große Gewässer von dichtem Wald und weitläufigen Wiesen umrahmt.

Der See gehört zum großflächigen Naherholungsgebiet Steinbrücker Teich/Oberwaldhaus, das eine Vielzahl an Erlebnismöglichkeiten bietet. Wanderfreunde finden hier drei ausgewiesene Rundwanderwege – den Kahler-Berg-Weg mit 5 Kilometern Länge (über das Oberfeld gelangt man zur Rosenhöhe und über Waldwege zurück zum Steinbrücker Teich), den 6,2 Kilometer langen Sulmenseekopf-Weg (auf bequemen Wegen rund um den Sulmenseekopf) und den Wildpark-Weg mit 11,6 Kilometern (eine idyllische Wanderung über den Badesee Grube Prinz von Hessen, das Forsthaus Einsiedel und durch den Wildpark Kranichstein zurück zum Steinbrücker Teich).

Kinder können sich auf mehreren Spielplätzen und einem Abenteuer-Kletterschiff austoben. Auch Ponyreiten und Kutschfahrten werden angeboten. Sportliche Familien spielen auf den großen Wiesen Fußball, Federball, Tischtennis – oder Minigolf auf der gepflegten 18-Bahn-Anlage. Der Eintritt in den Freizeitpark ist kostenfrei. Ein Besuch lohnt sich auch nur zum Ausspannen oder für ein lauschiges Picknick mit Blick auf den See und die glücklichen Tretboot-Kapitäne mit ihrer Familienmannschaft an Bord. Wer dann noch einen Kaffee mit leckerem Kuchen, ein Eis oder eine warme Mahlzeit genießen möchte: Direkt neben dem Parkplatz liegt das Restaurant Oberwaldhaus mit seiner großen Freiterrasse und reichhaltigem gastronomischen Angebot.

○ **Freizeitpark Oberwaldhaus am Steinbrücker Teich, Dieburger Straße 259, 64287 Darmstadt**
Tel. (0 61 51) 6 29 47 38, www.oberwaldhaus.de
○ **ÖPNV: Bus U, Haltestelle Darmstadt-Kranichstein/Grube Prinz von Hessen**

Stille zwischen Büchern

17 *Schmökern in der hessischen Landesbibliothek*

Trotz aller Digitalisierung, trotz Onlinepublishing, Hörbüchern und eBook-Readern: Bibliotheken als Sammlungen des Weltwissens haben auch in unserem digitalen Zeitalter nichts von ihrer Bedeutung eingebüßt. Im Gegenteil: Weltweit zählen sie zu den wenigen frei zugänglichen Orten, und das oft mitten in der Stadt. So auch die hessische Landesbibliothek in Wiesbaden. Mitten in der belebten Innenstadt an der verkehrsreichen Rheinstraße gelegen, nur einen Katzensprung entfernt von der Fußgängerzone mit ihren Einkaufspalästen, den vielen Cafés und Restaurants, befindet sich hier einer der schönsten Lesesäle der Region. Eine Oase der Ruhe und der Konzentration. Ein Lieblingsort für Büchermenschen.

Wer hinter der schweren Eingangstür die Stufen hinaufgeschritten ist und durch die hölzernen Schwungtüren den 1913 erbauten Saal betritt, der wird buchstäblich in eine andere Welt versetzt. Während auf der Rheinstraße die Passanten vorüberhasten, herrscht zwischen den holzvertäfelten Wänden des Lesesaals eine gediegene, zeitlose Stille. An langen Tischen kann man sitzen, lesen, schreiben, den Blick schweifen lassen und seinen Gedanken nachhängen. Den Handbestand erreicht man über kleine Treppen, die zur schmalen Galerie emporführen. Es ist ein wundervoller Bücherort, an dem sich eine ganz eigene Spezies Mensch aufhält: Bibliotheksbenutzer. Denn natürlich sind Lesesäle auch Orte der Begegnung. Hier treffen Schüler auf Rechtsanwälte, Rentner auf Studenten, alte auf junge Menschen, arme auf wohlhabende, kranke auf gesunde. Und Typen auf Typen: Da gibt es zum Beispiel den akkuraten Stammplatzsitzer. Die ungeliebten Schnauber, die selbstvergessenen Murmler und jene, die beim Lesen immer wieder Selbstgespräche führen oder sich zwanghaft räuspern müssen. Daneben, in höchster Konzentration, Examenskandidaten in den letzten Tagen vor der Prüfung. Es gibt die Literaten mit akuter Schreibblockade, die hoffnungslosen Prokrastinierer und jene, die mitten im Flow sind. Es ist wundervoll inspirierend. Ein wahrer Glücksort.

....

Hochschul- und Landesbibliothek RheinMain, Rheinstraße 55-56, 65185 Wiesbaden
Tel. (06 11) 94 95 18 20, www.hs-rm.de
ÖPNV: Haltestelle Landesbibliothek

Frieden für das Herz

18 *Die Hope City Church in Frankfurt am Main*

Es ist vor allem dem Mut der beiden Pastoren Siobhan und Steve Bullock sowie ihres Teams zu verdanken, dass sich die Hope City Church in Frankfurt etablieren konnte. 2012 sind sie aus England mit dem Ziel nach Deutschland aufgebrochen, auch in der deutschen Finanzmetropole die christliche Botschaft zu verkünden. Mittlerweile ist die Gemeinde in der Kaiserstraße direkt gegenüber dem Hauptbahnhof so weit angewachsen, dass bereits zwei Gottesdienste hintereinander nötig sind.

Es sind Menschen aus aller Welt und aller Altersklassen, die sich treffen, um Gott nahe zu sein, Freundschaften zu schließen oder einander in schwierigen Situationen zu unterstützen. Die beiden Gottesdienste in englischer Sprache, die sonntags ab 10 Uhr und ab 12 Uhr stattfinden, beginnen mit einem lebhaften Lobpreis, der musikalisch von einer jungen, modernen Live-Band begleitet wird. Es wird geklatscht, getanzt, und die Predigten enthalten immer eine kraftvolle Botschaft, die sich ganz wunderbar auf den eigenen Alltag übertragen lässt. Besucher sind herzlich willkommen, und nach jedem Gottesdienst bleibt Zeit, um bei Kaffee, Tee und Leckereien gemeinsam mit der internationalen Gemeinschaft den Sonntag zu genießen.

Die Hope City Church ist mittlerweile in vielen Städten wie Leeds, Liverpool und Accra vertreten und überall ein Ort, der Freude, Kraft und Zuversicht vermittelt. Gerade in unserer schnelllebigen Zeit, in der Individualität, Erfolg und Leistung zu neuen Göttern geworden sind, kann so ein Gottesdienst wahre Wunder wirken und uns glücklich machen. Uns entschleunigen, zum Innehalten anregen und uns an den Wert von Gemeinschaft und Nächstenliebe erinnern. Derartig inspiriert und positiv im Herzen berührt, fällt die Rückkehr in den strudeligen Alltag leicht. Ganz im Sinne des kleinen Prinzen aus der Geschichte von Antoine de Saint-Exupéry bestätigt sich nach einem Gottesdienst in der Hope City Church immer wieder: „Man sieht nur mit dem Herzen gut, das Wesentliche ist für die Augen unsichtbar."

● Hope City Church Frankfurt, Kaiserstraße 70, 60329 Frankfurt am Main
www.hopecity.church
● ÖPNV: Haltestelle Frankfurt Hauptbahnhof

Süßer Müßiggang

19 *Mainzer Cafékultur bei dicke lilli, gutes kind*

Steil ist sie, die Gaustraße. Doch die Mühe, vom Schillerplatz aus zu Fuß den Weg bis hinauf in die Mainzer Oberstadt zu erklimmen, lohnt sich. Am besten immer den Gleisen nach, denn hier fahren die Straßenbahnen von und nach Hechtsheim. Wem das zu mühsam erscheint, der steigt einfach dort ein und lässt sich gemütlich nach oben zum Gautor kutschieren. Dann ein kleines Stück die Straße hinunter, und schon steht man vor einem der reizendsten Cafés der Stadt.

Das mit viel Liebe im Vintage-Stil eingerichtete Café dicke lilli, gutes kind lockt im inzwischen fünften Jahr erfolgreich die Liebhaber urbaner Cafékultur an diesen angesagten Standort. Und wie so oft ist es die liebevolle Hingabe der Betreiber, die eine Unternehmung zu etwas Besonderem und damit erfolgreich macht. Das Café ist ein Familienprojekt, die Idee dazu hatte Vera Kohl gemeinsam mit ihrer Mutter. Der Name des Cafés zitiert übrigens den Titel der Autobiografie von Lilli Palmer, dem deutschen Leinwandstar der 1950er-Jahre. Und die Fünziger sind es auch, die den Vintage-Style des Cafés inspirieren und für die wunderbar fröhlich-entspannte Stimmung sorgen. Die Küche allerdings ist nicht etwa von gestern, im Gegenteil: Mit einem abwechslungsreichen Frühstückangebot, selbst gebackenem Kuchen, wechselndem, öfter auch veganem Mittagsgericht und ausgezeichnetem Kaffee trifft die dicke Lilli gekonnt den aktuellen Geschmack. Hier lässt es sich gut essen, man kann mit Freunden ein gepflegtes Schwätzchen halten und dabei das Treiben jenseits der großen Fensterfront beobachten. In den letzten Jahren hat sich die ganze Gegend ordentlich herausgeputzt. Vinotheken, Galerien und Tapas-Kneipen finden sich hier ebenso wie hippe Concept Stores.

TIPP Handverlesene Möbel, Textilien und Utensilien gibt's direkt gegenüber im Fuchs & Bente.

dicke lilli, gutes kind, Gaustraße 9, 55116 Mainz
www.dickelilliguteskind.de
ÖPNV: Tram 52 und 53, Haltestelle Am Gautor

Badespaß mitten in der Stadt

 Der Große Woog in Darmstadt

Der Große Woog ist ein künstlicher Badesee, der von fünf im Odenwald entspringenden Quellen gespeist wird. Bereits seit 1820 wird er als Badesee genutzt. Der See liegt an der Landgraf-Georg-Straße und der Heinrich-Fuhr-Straße, also mitten im Stadtgebiet, ist im Schnitt rund 2 Meter tief und knapp 6 Hektar groß. Es gibt gleich zwei Badestellen am Großen Woog: die Insel und das Familienbad. Die Insel ist eher für Familien geeignet und liegt an der ruhigeren Ostseite des Großen Woogs. Sie ist durch Schilfpartien und einen breiten und flachen Ufersaum gekennzeichnet. Außerdem sind sowohl ein Planschbecken als auch eine Wasserrutsche vorhanden. Das Familienbad wurde 1926/27 für die Deutschen Meisterschaften mit Zehnmeterturm und Schwimmbahnen samt Tribünen errichtet. Allerdings gibt es am Eingang des Familienbades keine Parkmöglichkeiten und direkt am Eingang der Insel ebenfalls nur ganz wenige.

Angelegt wurde der Große Woog einst vermutlich als Feuerlöschteich für die Stadt Darmstadt und Vergnügungswasserpark der Landgrafen. Nach und nach wurden dann später die Badeanstalten ausgebaut, streng getrennt nach Männern und Frauen. Die damals weiß angestrichenen Holzstege und Holzhäuser sind inzwischen Stegen aus Beton gewichen, doch das denkmalgeschützte Badehaus ist restauriert worden und modern ausgestattet.

TIPP Nebenan serviert das Café Woog leckeres Frühstück und gute Weine und Cocktails am Abend.

Hier liegt man ganz entspannt auf der Wiese, blickt auf den See und kann die Seele baumeln lassen und glücklich sein – fast wie im Urlaub! Es gibt auch genügend Schatten, denn die Liegewiesen sind von alten Bäumen eingerahmt und machen den Naturbadesee zu einer echten Oase für alle, die nicht nur in der Sonne brutzeln wollen. Auch wenn das Wasser mal ein wenig trüb ausschaut, die Qualität ist nachweislich gut, und im Sommer ist es herrlich erfrischend.

● Badesee Großer Woog, Landgraf-Georg-Straße 121, 64287 Darmstadt (Juni bis Mitte September)
● ÖPNV: Bus K55, K56, 671 und 672, Haltestelle Elisabethenstift/Woog

Kino wie früher

21 *Die Caligari FilmBühne in Wiesbaden*

Ein Kino, das wie ein Theater wirkt. Es ist nicht besonders groß, aber es besitzt eine Empore, gemütliche rote Samtsessel mit viel Beinfreiheit und ein hochkarätiges Programm. Die Caligari FilmBühne, benannt nach dem expressionistischen Stummfilm *Das Cabinet des Dr. Caligari*, ist das kommunale Kino in Wiesbaden. In der einmaligen Atmosphäre des wunderschön renovierten Ufa-Filmpalastes bleiben die Klassiker der Filmgeschichte lebendig. Doch auch der deutsche Film und das europäische Kino werden hier gepflegt, man bekommt internationale Arthouse-Produktionen, Dokumentar- und Kurzfilme zu sehen.

Im Dezember 1926 öffnete das Haus als „Ufa am Park" seine Pforten – der erste Film, der hier lief, war *Faust* von Friedrich Wilhelm Murnau. 1955 wurde das ursprünglich im neogotischen Stil gebaute Kino im Stil der Zeit umgestaltet, und 1980 erhielt es den Namen Caligari. Seit der zweiten Renovierung 1999/2000 ist es ein einzigartiges Schmuckstück mit 425 Sitzplätzen. Die Caligari FilmBühne zeigt etwa 18 bis 20 Vorführungen die Woche, darunter vier bis fünf des Deutschen Filminstituts. Besonders beliebt sind Stummfilme mit Live-Musik und Avantgardefilme.

Das Gebäude ist inzwischen denkmalgeschützt. Kein Wunder, dass der Wiesbadener Oscar-Preisträger Volker Schlöndorff das Kino als „Juwel unter den Lichtspielhäusern" bezeichnete. In diesem Lichtspielhaus scheint die Zeit stehen geblieben zu sein: Den Besucher erwartet kein Materialmix aus Chrom, Glas und Plastik, sondern Holz, Messing und Samt, und das Beste: Genau wie früher kann man Gummischnuller und Schaummäuse aus der nostalgisch gestreiften Papiertüte naschen. Da sind Glücksgefühle vorprogrammiert.

Aber auch die Kleinen kommen nicht zu kurz: Samstags und sonntags zeigt das Filmtheater ein anspruchsvolles Programm für Kinder von 5 bis 12 Jahren. Vor dem Film gibt es eine kurze Einführung zum Thema, und nach der Vorführung wird der Kinosaal zur Bühne – Szenen werden nachgespielt und neue Szenen entwickelt. Pädagogisch wertvoll und außerdem ein riesengroßer Spaß.

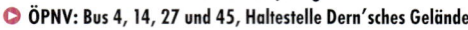

● Caligari FilmBühne, Marktplatz 9, 65183 Wiesbaden, Tel. (06 11) 31 50 50
www.wiesbaden.de/caligari
● ÖPNV: Bus 4, 14, 27 und 45, Haltestelle Dern'sches Gelände

Antipasti mit Wein

22 *In der Kleinmarkthalle im Herzen Frankfurts*

Die Kleinmarkthalle in der Nähe der Frankfurter Hauptwache ist seit Anfang des 20. Jahrhunderts ein Treffpunkt für den Lebensmittelhandel. Seit damals hat das Gebäude nichts von seinem ursprünglichen Charme verloren, und mittlerweile steht es sogar unter Denkmalschutz. Von Montag bis Samstag ist der überdachte Wochenmarkt geöffnet. Dann herrscht hier ein buntes Treiben, es duftet nach frischem Brot und Gewürzen, dazu die vielfältigen Geräusche wie das Knistern von Papiertüten, das Rattern von Kaffeemaschinen, das Klackern von Messern. Der Banker im Anzug isst hier neben dem Rentner in Jeans und dem Sportler in Fahrradhose zu Mittag; andere kaufen leckere Köstlichkeiten ein, um sie gemütlich zuhause zu genießen.

Das ist genau die Atmosphäre, die den Besitzer von Alasti's Valentino so begeistert hat, dass er sich mit der Eröffnung seines Standes mit italienischen Spezialitäten in der Kleinmarkthalle einen lang gehegten Traum erfüllt hat. Von hochwertigem Olivenöl bis hin zu verschiedenen Pastasorten und Brotaufstrichen findet sich hier so ziemlich alles, was der italienische Feinschmeckermarkt zu bieten hat. Der Höhepunkt ist die vielfältige Fleisch- und Käsetheke, deren Leckereien auch liebevoll auf einer Antipasti-Platte angeboten werden, angerichtet mit Oliven, getrockneten Tomaten und Kapern. Neben den kalten Vorspeisen-Platten gibt es auch frische Pastagerichte und am Nachmittag einen aromatischen Espresso. Im Durchschnitt schlängeln sich seit der Eröffnung täglich fast 25.000 Menschen durch die schmalen Gänge und erleben ein kulinarisches Feuerwerk, wie es sich nur selten so konzentriert auf kleinem Raum findet: Käse und Wein, fangfrischer Fisch, Wildspezialitäten, Obst und Gemüse, vegane Spezialitäten, Geflügel, Kräuter und vielfältige internationale Spezialitäten. „Es quillt und quirlt, es drängt und wogt und ist in seiner Farbigkeit und Vielfalt ein Bild pulsierenden Lebens", beschrieb im Februar 1969 die Journalistin Margot Felsch die Atmosphäre in der Kleinmarkthalle. Daran hat sich bis heute nichts geändert.

◉ **Kleinmarkthalle Frankfurt, Hasengasse 5-7, 60311 Frankfurt am Main, Tel. (0 69) 21 23 36 96**
www.kleinmarkthalle.de
◉ **ÖPNV: Haltestelle Hauptwache**

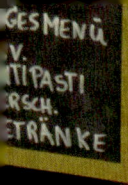

Auf der Suche nach Sinn

 23 *Pilgern auf dem Eltviller Klostersteig*

Langsamkeit, Ruhe, Natur. Weg von Alltagshektik und Reizüberflutung. Pilgern ist in, immer mehr Menschen machen sich zu Fuß auf die Suche nach innerer Erfüllung. Mit nichts als einem Rucksack unterwegs zu sein, von den eigenen Füßen getragen – das kann ein wunderbares Erlebnis sein. Man muss nicht gleich nach Santiago de Compostela pilgern, auch im Rheingau kann man sich wandernderweise auf meditative Sinnsuche begeben.

Seit September 2016 verbindet der 30 Kilometer lange Klostersteig sechs Klöster im Rheingau miteinander und bietet damit auch gleichzeitig einen Gang durch die Geschichte und Landschaft der Region. Vom Kloster Eberbach führt der Weg zunächst durchs Pfingstbachtal zum Schloss Johannisberg. Die Basilika des Klosters Eberbach, die durch die Verfilmung von Umberto Ecos Roman *Der Name der Rose* weltbekannt wurde, berührt durch die eindrucksvolle Schlichtheit ihrer romanischen Bauweise. Als Weingut hat das Kloster Geschichte geschrieben, die Zisterzienser betrieben von hier aus das größte Weinhandelsimperium der damaligen Welt. Auch die Geschichte von Schloss Johannisberg ist untrennbar mit dem Wein verbunden: 1775 erfand man hier sozusagen aus Versehen die Spätlese – der Bote, der ausgesandt worden war, um die Erlaubnis zum Lesebeginn einzuholen, verspätete sich. Die Mönche kelterten die bereits verschrumpelten Trauben dennoch und entdeckten so die Edelfäule. Marienthal, Nahegottes und die Abteil St. Hildegard sind drei noch aktive Klöster, sie liegen im Abstand von wenigen Kilometern am zweiten Teil des Klostersteigs. In St. Hildegard halten sie das Erbe der Gründerin Hildegard von Bingen hoch, die hier auch begraben liegt. Bergauf und bergab führt der Klostersteig durch das Ebental nach Aulhausen, oberhalb von Rüdesheim, und zum Ziel des Pilgerpfades: der kleinen Marienkirche der Zisterzienserinnen. Man kann den Weg auch in vier Teile gliedern, die jeweils an einem Bahnhof beginnen und enden.

TIPP Gönnen Sie Ihrer Seele eine Auszeit bei einem Einkehrwochenende in St. Hildegard.

● **Klostersteig Rheingau, Startpunkt: Kloster Eberbach, 65346 Eltville, Tel. (0 67 23) 9 17 81 50**
www.rheingauer-klostersteig.de
● **ÖPNV: Bus 172, Haltestelle Eltville-Hattenheim Kloster Eberbach**

Großstadt und Märchenball

24 *Der Lucae-Brunnen an der Alten Oper Frankfurt*

Ein Abendspaziergang durch die City ist immer ein schöner Zeitvertreib. Besonders schön ist es allerdings, wenn die kleine Schlendertour über den Platz vor der Alten Oper in Frankfurts Mitte führt. Das Gebäude ist nachts in ein warmes Licht getaucht und versprüht einen märchenhaften Charme. Wenn die Menschen nach der Vorstellung aus dem ehrwürdigen Gebäude strömen, ist es schon fast enttäuschend, keine Smokings und rauschenden Ballkleider zu sehen, sondern einfach nur gut gekleidete Leute, die Richtung U-Bahn gehen oder noch eine Weile in kleinen Grüppchen auf dem Platz zusammenstehen.

Das Gebäude wurde 1880 gebaut, und heute sind ihm die Zerstörung durch den Krieg und der nachfolgende Kampf um den erneuten Aufbau glücklicherweise nicht mehr anzumerken. Es ist, als wäre die Oper einfach im 19. Jahrhundert stehen geblieben, während um sie herum die Stadt mit ihren imposanten Hochhäusern emporgewachsen ist, die das übrige Stadtbild so sehr prägen.

Heute finden in der Alten Oper regelmäßig hochkarätige Konzerte, konzertante Aufführungen, Kongresse und Gastspiele statt. Der holzgetäfelte Große Saal fasst rund 2500 Zuschauer. Daneben gibt es den Mozart-Saal mit 700 Sitzplätzen, der für Kammermusik genutzt wird, und eine Reihe kleinerer Säle für Kongresszwecke. Ein Besuch der Alten Oper ist ein nicht ganz günstiges, aber dafür kulturell ganz besonders hochwertiges Erlebnis. Eine Gratis-Alternative ist ein kleines Nachtpicknick am Lucae-Brunnen mit einem Piccolo, ein paar Lachshäppchen und Blick auf die Alte Oper. Der bereits 1872 von dem Architekten Richard Lucae entworfene Brunnen wurde erst am 14. Juni 1983 mit einem großen Bürgerfest eingeweiht. Das Becken des Brunnens, das bei schönem Wetter auch als Planschbecken genutzt wird, besitzt immerhin einen Durchmesser von 17 Metern, die Schale in der Mitte misst 5 Meter im Durchmesser und ist 3,20 Meter hoch.

Mit etwas Glück spielen Straßenmusikanten am Brunnen auf ihren Klarinetten wunderschöne Melodien.

· ·

● Alte Oper, Opernplatz 1, 60313 Frankfurt am Main
● ÖPNV: U7 und S4, Haltestelle Alte Oper

Dauerlauf zum Goldsteintal

25 *Der Trimm-dich-Pfad in Wiesbaden-Rambach*

Irgendwie sind die Zeiten gerade mal wieder so, dass wir uns nach Altbewährtem sehnen. Das gilt sogar für den Sport: Statt stundenlang im Studio auf dem Laufband zu rennen und sich an den neusten Kraft-Maschinen zu ertüchtigen, haben wir das beste Trainingsgerät der Welt wiederentdeckt – unseren eigenen Körper. Das nennt sich heute Functional Training, und die Übungen heißen Squat und Burpee statt Kniebeuge und Hockstrecksprung. Allerhöchste Zeit also, sich mal wieder auf alte Pfade zu begeben, ganz im Wortsinne: auf einen Trimm-dich-Pfad. Bei wem es beim Slogan *Trimm dich!* klingelt, der hat die Siebziger miterlebt, als uns Trimmy, ein Quadratschädel mit schwarzer Tolle, roter Turnhose und hochgestrecktem Daumen, Beine machte. Mit Sätzen wie „Ein Schlauer trimmt die Ausdauer" wurde dem zu Wohlstand gekommenen und dadurch leicht angebäuchelten Westdeutschen das „Laufen ohne Schnaufen" gelehrt.

Die meisten der rund 1500 Trimm-dich-Pfade – kurze Rundkurse, auf denen sich etwa alle 200 Meter ein einfaches und robustes Sportgerät befindet – sind inzwischen verwaist oder demontiert. In Rambach gibt es aber noch einen sehr schönen und gut erhaltenen solchen Pfad mit 20 Übungsstationen. Es beginnt mit lockerem Arm- und Beinkreisen, man kann die Klimmzüge neu entdecken, fleißig Rumpfbeugen üben und das Turnen an Ringen. Natürlich steht neben jeder Station das typische blaue Schild, das die jeweilige Übung erklärt. Auch landschaftlich ist die Strecke ein Genuss. Der Pfad führt vom Sportplatz über einen lichten Waldweg bis hinunter ins Goldsteintal. Diese heute besonders geschützte, durch bäuerliche Nutzung geprägte Kulturlandschaft mit ihren Magerwiesen und Feuchtgebieten beheimatet viele selten gewordene Blumen und Schmetterlinge. Viel Zeit hat man beim Dauerlauf allerdings nicht, sich daran zu ergötzen, denn schon führt einen der Pfad den steilen Weg wieder hinauf und durch den Buchenwald in einer großen Kurve zum Parkplatz am Sportplatz zurück. Da wird dann mitunter doch ein wenig geschnauft.

● Trimm-dich-Pfad Rambach, Am Sportplatz, 65207 Wiesbaden
● ÖPNV: Bus 6, Haltestelle Sportplatz Rambach

Jugendstil mit Ausblick

26 *Der Hochzeitsturm in Darmstadt*

Der 48,50 Meter hohe Hochzeitsturm ist eingebettet in das Gesamtkunstwerk des Jugendstilensembles der Künstlerkolonie Mathildenhöhe und der dazugehörigen schönen Parklandschaft. Im Auftrag der Stadt gestaltete der renommierte Architekt Joseph Maria Olbrich, Mitglied der Künstlerkolonie, den Backsteinbau zu Ehren der Vermählung des Großherzogs Ernst Ludwig mit Prinzessin Eleonore zu Solms-Hohensolms-Lich. Der 1908 fertiggestellte Jugendstil-Turm gilt als Wahrzeichen der Stadt. Besonders markant sind die fünf abschließenden Bögen des Daches, die an eine ausgestreckte Hand erinnern, weshalb er auch Fünffingerturm genannt wird. Neben der auffälligen Dachgestaltung hat der Turm gleich zwei sehenswerte Uhren: eine Sonnenuhr an der Südfassade, die der Künstler Friedrich Wilhelm Kleukens 1914 entwarf, sowie eine mechanische, in Blattgold gefasste Turmuhr, die im gleichen Jahr an der Nordseite angebracht wurde.

Sobald man den Turm betritt, empfangen einen in der Eingangshalle zwei Mosaike von Friedrich Wilhelm Kleukens, *Der Kuss* und *Die Treue*. Auch die Decke ist ein Hingucker: Sie ist in diesem Bereich als Nachthimmel gestaltet. Im Inneren des Turms befinden sich in der zweiten und dritten Etage Büchermagazine, in der vierten Etage, dem Fürstenzimmer, ist die Kanzlei des Standesamtes untergebracht und in der fünften Etage das ehemalige Zimmer der Großherzogin, das Hochzeitszimmer, in dem seit 1993 Trauungen vollzogen werden. Das prachtvolle Ambiente des 4,40 Meter hohen Raumes lockt jährlich rund 500 Paare, die sich in dieser traditionsreichen Umgebung das Jawort geben möchten. Bei Interesse: unbedingt rechtzeitig einen Wunschtermin reservieren!

Ganz oben befindet sich eine für die Öffentlichkeit zugängliche Aussichtsplattform mit einem fantastischen Panorama-Rundblick auf die Mathildenhöhe. Bei klarem Wetter kann man die Skyline von Frankfurt mit dem Taunus im Norden erkennen, in die andere Richtung blickt man auf den nahe gelegenen Odenwald, die Bergstraße, die Rheinebene und sieht manchmal sogar bis nach Rheinhessen.

● Hochzeitsturm, Alexandraweg 23, 64287 Darmstadt (März bis Oktober)
www.mathildenhoehe.eu
● ÖPNV: Bus H und F, Haltestelle Alexandrastraße/TU

Historischer Mittelrhein-Trip

27 *Eine Fahrt mit der Goethe*

Was früher zum Alltag auf dem Rhein gehörte, ist heute eine nostalgische Rarität: eine Fahrt mit dem letzten verbliebenen Schaufelraddampfer, der Goethe, durch das Mittelrheintal von Koblenz nach Bingen bzw. Rüdesheim. Entlang des UNESCO-Welterbes Mittelrhein, das mit den steil abfallenden Hängen im Schiefergebirge und fast zwei Dutzend Rheinburgen vor allem bei Sonnenschein eine Atmosphäre bietet, wie sie auf der Welt wohl einmalig ist. Eines dieser Gemäuer, die Burg Pfalzgrafenstein bei Kaub, liegt sogar mitten im Strom. Nicht zu vergessen die vielen malerischen historischen Orte, die Rheininseln und natürlich der berühmte Loreleyfelsen.

Der Anblick der Schaufelräder lässt alte Zeiten lebendig werden. Beim Betreten der Salons mit der originalgetreuen Art-déco-Ausstattung fühlt man sich direkt zurückversetzt in die Goldenen Zwanziger. Seit der aufwendigen Restaurierung im Jahr 1996 erstrahlt die Goethe in alter Pracht, 2013 feierte sie ihren 100. Geburtstag. Allerdings hat sie bereits eine bewegte Geschichte hinter sich: Nachdem sie am 3. März 1945 von einem Bombentreffer bei Oberwinter versenkt wurde, konnte sie 1949 gehoben werden und 1953, frisch repariert, wieder auslaufen. Die letzte Fahrt unter Dampf erfolgte am 7. Oktober 2009, dann wurde die Dampf- zu einer Dieselmaschine umgebaut.

Von Mitte April bis Anfang Oktober verkehrt die alte Dame täglich auf der sogenannten Nostalgie-Route zwischen Koblenz und Rüdesheim. Immer morgens um neun erklingt in Koblenz zum Ablegen das Schiffshorn – schon das ist ein echtes Glücks-Erlebnis! Die Goethe bietet viel Platz und Annehmlichkeiten, unter anderem vier gepflegte Restaurants. Bei freundlichem Wetter halten sich aber die meisten Passagiere lieber auf einem der drei Freidecks auf, wo es schon mal eng werden kann. Fast die Hälfte der Touristen kommt aus dem Ausland, vor allem Japaner sind begeistert von der Tour. Die Fahrgäste haben sich ganz bewusst für einen Tag der Langsamkeit entschieden – immerhin braucht der Schaufelraddampfer bis Rüdesheim rund 6 Stunden.

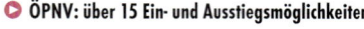 Schaufelraddampfer Goethe, Konrad-Adenauer-Ufer, 56068 Koblenz, Tel. (02 21) 20 88
www.k-d.com
ÖPNV: über 15 Ein- und Ausstiegsmöglichkeiten

Nostalgische Momente

28 *In Siegfrieds Mechanischem Musikkabinett Rüdesheim*

Direkt oberhalb der legendären Drosselgasse in Rüdesheim am Rhein liegt der Brömserhof, ein Rittersitz aus dem 15. Jahrhundert, ein imposantes historisches Gebäude mit einem noch viel imposanteren Museum: Über 350 selbstspielende Musikinstrumente aus dem 18. bis 20. Jahrhundert, von der zarten Spieluhr bis zum riesigen tonnenschweren Konzert-Piano-Orchestrion, versetzen die Besucher schon Sekunden nach dem Eintreten in eine längst vergangene Welt. Es ist skurril, zauberhaft und ein wenig magisch. Die selbstspielenden Musikinstrumente funktionieren im Grunde wie Computer, denn sie haben einen Datenspeicher und eine Anlage, die gespeicherte Informationen zielgerecht umsetzen kann. Natürlich kannte man den Begriff Datenspeicher zur Blütezeit der selbstspielenden Musikinstrumente, vom 17. Jahrhundert bis in die 30er-Jahre des 20. Jahrhunderts, noch nicht.

Siegfrieds Mechanisches Musikkabinett ist ein echtes Erlebnis und bietet zugleich einen Einblick in die Entwicklungsgeschichte des Kulturgutes mechanische Musik. Die Idee kam Museumsgründer Siegfried Wendel auf der Hochzeitsreise mit seiner Frau Gretel: Damals, Mitte der 60er-Jahre, besuchten sie in der Nähe von Los Angeles ein Freilichtmuseum, und dort beeindruckte die beiden Touristen vor allem ein Haus, das von außen wie ein Western-Saloon aussah, in dessen Inneren sich aber ein ganzes Arsenal an Player-Pianos und anderen Automateninstrumenten befand.

Der Besuch von Siegfrieds Mechanischem Musikkabinett ist nur mit einer Führung möglich, da die Instrumente vom Fachmann eingeschaltet und vorgeführt werden müssen. Allerdings sind die Erklärungen zu den einzelnen Instrumenten, ganz egal, ob es sich um eine kleine, aparte Spieluhr aus dem 18. Jahrhundert oder eine gewaltige Jahrmarktsorgel handelt, immer sehr lebendig und informativ. Wer besonders glücklich nach Hause gehen möchte, kann noch ein kleines musikalisches Andenken aus dem Museumsshop mit nach Hause nehmen. Die Auswahl ist vielfältig, und für jeden Geldbeutel findet sich etwas Passendes.

⦿ Siegfrieds Mechanisches Musikkabinett, Oberstraße 29, 65385 Rüdesheim am Rhein
Tel. (0 67 22) 4 92 17, www.siegfrieds-musikkabinett.de
⦿ ÖPNV: Bus 171 und 187, Haltestelle Brömserburg

Der schöne Tempel

29 *Das Haus der Andacht in Hofheim-Langenhain*

Wenn es etwas gibt, das man auf den luftigen Taunus-Höhen um Frankfurt herum nicht erwartet, dann dieses futuristisch anmutende Gebäude. Der hohe Kuppelbau, der an die Kulisse eines alten Science-Fiction-Films erinnert, ist das Haus der Andacht, der einzige europäische Tempel der Baháʼí, einer Mitte des 18. Jahrhunderts im Iran gegründeten Religionsgemeinschaft. Nur acht solcher Andachtshäuser gibt es weltweit, und so verschieden sie auch sind, haben sie doch einige gemeinsame Merkmale. Schön sollen sie sein, so hat es der heute als Prophet verehrte Gründer des Glaubens, Bahaullah, festgelegt: „Machet sie so vollkommen, wie es in der Welt des Seins möglich ist!" Zudem sollen sie kreisrund sein und neun Eingänge haben, was die Offenheit gegenüber anderen Religionen symbolisiert. Ein Gebäude, das von allen Seiten betreten werden kann und einen Geist von Toleranz und Transparenz atmet.

In den Andachtshäusern der Baháʼí ist jeder eingeladen zu beten. Die kleine Gemeinschaft (rund 50 Mitglieder hat die Gemeinde in Langenhain, weltweit sind es knapp sieben Millionen) kennt keinen Klerus und keine Missionare. Sie glaubt daran, dass alle großen Weltreligionen letztlich nur Spielarten einer einzigen Wahrheit sind. Deswegen hört man während der Andachten auch Texte aus der Bibel, dem Koran und der Bhagavad Gita.

Anfangs tat man sich schwer mit den neuen Nachbarn, doch das ist lange vergessen. Seit 1987 ist die 30 Meter hohe Kuppel, in die durch 540 Fenster das Licht fällt, sogar hessisches Kulturdenkmal. Heute schwärmen die Menschen aus der Region von der offenen, warmherzigen Atmosphäre der Gemeinde. Der Frankfurter Architekt Teuto Rocholl gewann mit dem Entwurf für das Gebäude Ende der 1950er-Jahre einen internationalen Architektenwettbewerb. Kern seines Entwurfs ist die allseitige Auflösung der Innenraumwände, die für eine fließende Verbindung zwischen innen und außen sorgt. Durch die Fenster strömt das Sonnenlicht hinein, der Tempel inszeniert gekonnt die Verbindung aus Spiritualität und Natur.

··

> Baháʼí-Haus der Andacht, Eppsteiner Straße 95, 65719 Hofheim, Tel. (0 61 92) 9 92 90
> www.bahai.de
> ÖPNV: Bus 403, Haltestelle Langenhain-Siedlung

Strahlend bunte Winternächte

 Der Palmengarten im Frankfurter Westend

Der Palmengarten ist eine jener Attraktionen von Frankfurt, die sich die Frankfurter sozusagen selbst erkämpft haben. Nur mithilfe der finanziellen Unterstützung einer Bürgerinitiative gelang es Heinrich Siesmayer, seiner Vision zu folgen und exotische Pflanzen an einem Ort zu präsentieren, der gleichzeitig als Treffpunkt für die Gesellschaft dienen sollte. Im Jahr 1871 wurde das Gartenhaus in der Bockenheimer Landstraße offiziell eröffnet, und dort steht es bis heute, neben dem Universitätscampus der Goethe-Universität im Frankfurter Westend. Die nächsten 15 Jahre verbrachte Siesmayer mit dem Aufbau seines Lebenswerks, das mit 22 Hektar zu einem der größten botanischen Gärten Deutschlands zählt.

Früher wurden hier oft Bälle und Konzerte veranstaltet, und auch heute noch lockt der vielseitige Veranstaltungskalender Frankfurter und Touristen in den Garten. Ein besonderes Highlight neben dem Frühlingsball und dem Herbstfest ist eine Veranstaltung im Winter: Im Rahmen der Winterlichter verwandelt sich der Garten in einen nahezu mystischen Ort, dessen geheimnisvolles Leuchten bereits von Weitem zu sehen ist. Dahinter stecken verschiedene Künstler, die von Dezember bis Januar mit ihren Lichtinstallationen und Skulpturen den Palmengarten in eine geheimnisvolle Atmosphäre tauchen und Lichtbilder an die Wände, an die Bäume und in die Luft zaubern. Regelmäßig angebotene Führungen bieten den Besuchern die Möglichkeit, mehr über die Licht-Kunstwerke und die Künstler zu erfahren, doch eigentlich sind genauere Kenntnisse gar nicht nötig. Beim Flanieren laden die Lichter zum Verweilen und Nachdenken ein und führen uns in den schönsten aller Glücksorte, nämlich das Reich unserer eigenen Fantasie.

TIPP Das Café Winterlichter ist ein guter Ort, um sich anschließend mit Glühwein oder heißer Schokolade aufzuwärmen.

● **Palmengarten, Siesmayerstraße 61, 60323 Frankfurt am Main, Tel. (0 69) 21 23 39 39**
www.palmengarten.de
● **ÖPNV: U4, U6 und U7, Bus 36 und 75, Tram 16, Haltestelle Bockenheimer Warte**

Erst Blüten, dann Wein

31 *Ein Ausflug nach Wiesbaden-Frauenstein*

Sonnenverwöhnte Hänge, Wein und im Frühjahr ein Blütenmeer. Die Rede ist natürlich von Frauenstein, westlichster Wiesbadener Vorort und bekanntes Kirschanbaugebiet. 50.000 Bäume sollen es sein, die im April und Mai den kleinen Ort mit seinen Fachwerkhäusern und der auf einen Felsen gebauten Burg in zarte Farben tauchen. Mehr als zehn verschiedene Sorten Süß- und Sauerkirschen werden auf dem lehmigen Schieferboden entlang der sonnigen Hänge und Felder angebaut. Mitten im Grün dieser wunderbar üppigen Kulturlandschaft bieten Robert Hoffmann und Marc Zenglein, die Betreiber des Kapellchen, eine „bodenständige Gastronomie: eine Speisekarte, die jeder versteht, und Weine, die jeder ohne Erklärung trinken kann". Bei gutem Wetter lassen sich die regionalen Köstlichkeiten im idyllischen Bauerngarten am besten genießen. Hier kann man im Schatten der Kirschbäume herrlich sitzen und bei einem unvermeidlichen Gläschen Wein sowie einem schönen Blick hinüber zum Goethestein sehr angenehm entspannen. Dem Wein, das wissen wir, war auch der wohl berühmteste Besucher Frauensteins,

TIPP Lassen Sie sich im Sommer bei der seit einigen Jahren stattfindenden, festlich gedeckten Goethestein-Tafel, die von den Frauensteiner Winzern direkt im Weinberg aufgebaut wird, zünftig bewirten.

Johann Wolfgang von Goethe, durchaus zugetan. Und so genoss der damals 65-Jährige bei seinem Besuch 1815 hoch oben auf dem Spitzen Stein, da, wo ihm zu Ehren ein Denkmal steht, nicht nur die grandiose Aussicht, sondern auch einen edlen Tropfen. So ließe sich zumindest erklären, warum er bei dem Versuch, seiner hübschen und jungen Begleiterin, Philippine Lade, nachzueilen, ausrutschte und sich mit Karacho in den steilen Weinberg legte. Vielleicht war es auch sein Alter. Oder die gerechte Strafe fürs Herumkritisieren an der Zeichnung, die Philippine zuvor angefertigt hatte. „Ihr mögt mir im Zeichnen überlegen sein, beim Davonlaufen aber nicht", hatte die 18-Jährige noch gerufen, bevor sie davonrannte.

◗ Zum Kapellchen Gastronomie Grorother Hof, Quellbornstraße 95, 65201 Wiesbaden-Frauenstein Tel. (06 11) 41 18 99 12, www.zum-kapellchen.de
◗ ÖPNV: Bus 24, Haltestelle Bürgermeister-Schneider-Straße. Von hieraus ist es noch ein kurzer Fußweg Richtung Ortsausgang. Sie finden den Grorother Hof dann auf der linken Seite.

Prinz und Prinzessin

32 *Auf der Schönburg in Oberwesel*

Willkommen auf einer 1000 Jahre alten Burg hoch über dem Rhein! Der von der allgemeinen Rheinbegeisterung infizierte Dichter Ferdinand Freiligrath schrieb Mitte des vorletzten Jahrhunderts, dies sei „der Romantik schönster Zufluchtsort". Umgeben von Weinreben erheben sich stolze Burgmauern, hinter denen sich das Burghotel befindet. Der Besuch des Rittersitzes lohnt zu jeder Jahreszeit: Im Sommer kann man gemütlich auf der Terrasse sitzen und den Blick über das imposante Rheintal schweifen lassen, im Winter lockt die historische Bibliothek mit prasselndem Kaminfeuer.

Die dicken Steinwände des Herrenhauses verströmen noch immer die Atmosphäre der Gesellschaften, die hier früher mal zusammensaßen. Aus jener Zeit stammt auch die Sage von den sieben Jungfrauen, die hier gelebt haben sollen: Mehrere Ritter machten den reichen Edeldamen Avancen, doch die Schwestern wiesen die Freier kaltherzig zurück, woraufhin jene verärgert beschlossen, die Burg zu belagern. Die Schwestern gaben nach und luden die Ritter zu sich ein. Doch als diese den großen Saal betraten, fanden sie dort nur sieben ausgestopfte Strohpuppen vor – die Schwestern waren mit einem Boot geflohen und winkten vom Rhein aus schelmisch zur Burg hinauf. Kurz darauf erfasste eine Welle ihr Boot, und sie kenterten. Als Erinnerung sind heute noch bei niedrigem Wasserstand sieben Felsen sichtbar, die allen Jungfrauen als Warnung dienen sollen, ihr Herz nicht zu verschließen und ihre Freier zu erhören. Jede Frau, die mit ihrem Liebsten die Schönburg besucht, kann sich hier auch heute noch ein bisschen wie ein glückliches Burgfräulein fühlen – und er wie ein stolzer Burgherr. In den Restaurants der Burg können sich beide dann vor allem auch kulinarisch bestens verwöhnen lassen.

Als Gäste des Hauses können Sie zudem im romantischen Burggarten auf Entdeckungsreise gehen: Erkunden Sie das Baumhaus, die Quellen und das Rondavel, genießen Sie den Ausblick auf das Engehöller Tal, die mittelalterliche Stadt Oberwesel und das Rheintal.

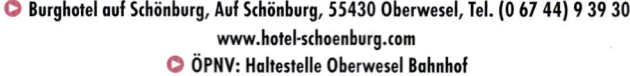

● Burghotel auf Schönburg, Auf Schönburg, 55430 Oberwesel, Tel. (0 67 44) 9 39 30
www.hotel-schoenburg.com
● ÖPNV: Haltestelle Oberwesel Bahnhof

Das Tor durchs Gebück

33 *Die Mapper Schanze in Oestrich-Winkel*

Vorderwald, Hinterlandswald und eine riesige, undurchdringliche Hainbuchenhecke zum Schutz gegen Feinde. Eine natürliche Grenze, eine grüne Mauer, von Menschen errichtet. Dicht an dicht und eng miteinander verflochten, reichte die meterhohe, undurchdringliche Hecke. Was wie der Schauplatz eines Romans von J. R. R. Tolkien klingt, begrenzte nicht das Auenland, sondern die sonnigen, fruchtbaren Hänge des Rheingaus. Im 12. Jahrhundert wurde diese Grenze aus einer dicht verwachsenen Hecke, dem Rheingauer Gebück, errichtet. Über 500 Jahre lang schützte sie den durch Wein- und Obstanbau reich gewordenen Landstrich vor den armen Nachbarn aus dem Hochtaunus. Im Süden war der Rhein eine sichere Grenze, an der offenen Ostseite mussten sich die Rheingauer vor Angriffen auf andere Weise schützen. Dazu bog (bückte) man auf einer Länge von 38 Kilometern die Zweige und Äste von Hain- und Rotbuchen, aber vereinzelt auch von Eichen, Spitzahorn und Eschen und verflocht die gebogenen Äste ineinander. So entstand ein engmaschiger natürlicher Zaun, der stellenweise bis zu 50 Meter breit gewesen sein soll. Dazwischen wuchsen Dornensträucher und machten das Durchqueren unmöglich. Es waren die Mainzer Landbischöfe, die sich diese schlaue Form der Landwehr ausdachten und den Rheingauern damit nicht nur ihren Wohlstand sicherten, sondern auch ihre Freiheitrechte. Die Verfassung von 1324 garantierte jedem Bewohner des Rheingaus persönliche Freiheit. Die Wege, die durch das Gebück zu den Nachbarorten führten, wurden mit Bollwerken gesichert.

Die Ruine eines solchen einst mit Wachmännern besetzten Tors kann man in der Nähe von Hausen vor der Höhe heute noch besichtigen: die Mapper Schanze. Das Tor entstand 1494, um den Weg von Oestrich in den Untertaunus zu sichern. Neben der Mapper Schanze hat man ein Stück jungen Gebücks angelegt, das die einstige Herstellungstechnik erkennen lässt. Und ganz in der Nähe dieses verwunschenen steinernen Torbogens mitten im Wald finden sich noch einige über 250 Jahre alte, knorrige, bizarr verformte Buchen.

● Mapper Schanze, 65375 Oestrich-Winkel
● ÖPNV: Bus 173, Haltestelle Taunusstraße Hausen vor der Höhe

Wohnen in einem Kunstwerk

34 *Das Hundertwasser-Haus in Darmstadt*

Friedensreich Hundertwasser wollte mit seiner Architektur die Menschen glücklich machen. Sein Credo lautete: „Architektur soll für den Menschen da sein, er muss sich geborgen, er muss sich zuhause fühlen können." Und in der Darmstädter Waldspirale, die er entworfen hat, fühlen sich die Bewohner wirklich zuhause. Das Angebot besteht aus 70 Zweizimmer-, 28 Dreizimmer- und sieben Vierzimmerwohnungen, vor allem aber hat man hier den Eindruck, ein von Kindern erfundenes Märchenschloss sei Wirklichkeit geworden.

Den ersten Entwurf für das Gebäude skizzierte der Künstler bei einem Mittagessen auf einer Papierserviette. Im November 1998 begann der Bau, und bereits nach 18 Monaten konnten die ersten Mieter einziehen. Jede Wohnung ist ein Unikat. Das Konzept des menschen- und naturgerechten Bauens, von dem Hundertwasser träumte, war von Farben, Bewegung und viel Grün geprägt. Und von zahlreichen Fenstern, die nicht in Reih und Glied stehen, sondern „tanzen" sollten. Die Fenster nannte er die Augen eines Hauses. Sie sollten das Haus unverwechselbar machen, und ihre unterschiedliche Gestaltung sollte es den Bewohnern ermöglichen, auch von außen auf den ersten Blick zu erkennen, welches ihre Wohnung ist.

Hundertwassers Philosophie war es zudem, der Natur nach dem Bauen das zurückzugeben, was man ihr während des Bauens genommen hatte. So besitzt die kunterbunte Waldspirale ein Dach, das mit Linden, Buchen und Ahornbäumen bepflanzt ist, sowie einen üppigen grünen Innenhof, den ein kleiner Wasserlauf durchquert. Dieser Innenhof ist nicht nur Treffpunkt für die großen und kleinen Bewohner des Hauses, hier begegnen sich auch Mensch und Natur. Ein Entenpärchen zieht hier jedes Jahr aufs Neue seine Küken groß – und beglückt damit die Bewohner und die zahlreichen Besucher und Touristen. Und genau das hätte der im Jahr 2000 verstorbene Hundertwasser, der die Fertigstellung seines Darmstädter Hauses leider nicht mehr erlebt hat, sich gewünscht: ein wenig mehr Natur in der Großstadt, zur Freude der Menschen.

● Hundertwasser-Haus Waldspirale, Waldspirale, 64289 Darmstadt
www.darmstadt-tourismus.de (zum Buchen von Führungen)
● ÖPNV: Tram 5, Haltestelle Messplatz

Aufrecht über den Rhein

35 *Stand Up Paddling in Geisenheim*

Plötzlich steht die ganze Welt auf SUP. Und das im wahrsten Sinne des Wortes, denn SUP, das ist die Abkürzung für Stand Up Paddling, also Paddeln im Stehen, und diese Paddler sieht man jetzt plötzlich überall. Erfunden wurde der Spaß natürlich in der Surfer-Hochburg Hawaii, was dem Stehpaddeln schon mal per se einen coolen Spirit und ein relaxtes Lebensgefühl verpasst. Über die Strände der amerikanischen West- und Ostküste hat die neue Fun-Sportart inzwischen auch Europa erreicht und erobert in Windeseile auch die deutschen Küsten, Seen und Flüsse. Überall sieht man, manchmal alleine, aber meist in Gruppen, Wassersportler aufrecht stehend und mit einem langen Stechpaddel in der Hand über die heimischen Gewässer balancieren.

Auch Rhein und Main sind ideale Trainingsreviere. Das Paddeln auf dem Fluss ist generell spannender als auf kleinen Teichen oder Seen. Auf dem Meer mit hohen Wellen und schäumender Brandung muss man schon genau wissen, was man tut; auf einem See wiederum, ohne viel Bewegung auf dem Wasser, kann es schnell langweilig werden. Auf einem Fluss kann man herrlich längere Strecken mit wechselnder Kulisse paddeln und dabei Wellen und Strömung für ein echtes Surferlebnis nutzen. Als Ausgangspunkt am Rhein eignet sich besonders gut die Strandperle Rheingau in Geisenheim: Sie verfügt über eine eigene SUP-Station, wo auch Anfänger das Stehpaddeln lernen können. Auf dem Rhein muss man allerdings stets daran denken, die Fahrrinne schnell zu überqueren und auf Schiffe zu achten. Auch sollte man die Strömung nicht unterschätzen und am besten eine Schwimmweste tragen. Die Boards sind durch ihre Breite sehr kippstabil, so macht das Stehpaddeln richtig Spaß! Neben einem hohen Spaßfaktor und quasi ganz nebenbei trainiert das Stand Up Paddling gleichermaßen Kraft, Ausdauer und Koordination – und sogar den Gleichgewichtssinn. Etwas Beweglichkeit in der Hüfte ist beim SUP ebenfalls von Vorteil, um die Balance auf dem Brett zu halten. Der neueste Trend ist übrigens Yoga auf dem SUP-Brett.

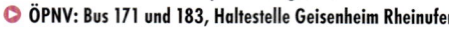

❍ Strandperle Rheingau, Am Campingplatz 1, 65366 Geisenheim, Tel. (01 71) 8 50 72 49
www.strandperle-rheingau.de
❍ ÖPNV: Bus 171 und 183, Haltestelle Geisenheim Rheinufer

Wo die Oldtimer zuhause sind

36 *In der Frankfurter Klassikstadt*

Man muss als Autofan nicht nach Kuba reisen, um eine Zeitmaschine zu besteigen, das geht seit 2010 auch in Frankfurt Fechenheim. In der ehemaligen Landmaschinenfabrik Mayfarth haben auf über 16.000 Quadratmetern mehr als 350 historische Fahrzeuge der unterschiedlichsten Epochen Quartier bezogen. Ein Traum für Liebhaber alter Autos und für jeden, der Freude an schönen Dingen hat. Der begreift, wie viel Zeit, Geld, Liebe und Sachverstand in die Restaurierung der Schmuckstücke geflossen ist, die hier hochglanzpoliert und mit blitzendem Chrom präsentiert werden. In der gläsernen Boxengasse im zweiten Stock stehen die Fahrzeuge privater Sammler, Tüftler und Automobilenthusiasten. Das ist nicht nur für die Besucher wunderschön anzusehen, viele Besitzer stellen ihre Fahrzeuge dort ab, weil sie zuhause keinen Platz haben oder die heimische Garage nicht trocken genug ist.

Es gibt offene Werkstätten für Restaurationen, Reparaturarbeiten und Motorenbau. Überall wird an schönen Autos geschraubt und poliert. Auch ein Uhrmacher und eine Sattlerei finden sich hier, die alte Handwerkskunst wieder lebendig werden lassen. Händler bieten seltene, spannende Fahrzeuge an und präsentieren die Träume früherer Zeiten. Doch es gibt nicht nur Oldtimer zu bewundern: Auch ein Ferrari-Händler hat seine Klassiksparte hier einquartiert, direkt neben den Sportwagen von Lamborghini und McLaren.

Die Klassikstadt befindet sich in einem denkmalgeschützten Fabrikgeschossbau unweit der Hanauer Landstraße. Der 100 Jahre alte Backsteinbau ist mit seiner vollständig erhaltenen Backsteinfassade und den hohen Bogenfenstern ein wunderschönes Beispiel für frühe Industriearchitektur und deswegen Bestandteil der Route der Industriekultur. Die Mischung aus atemberaubend mondänem Glanz und Autos, die einen Blick in den Rückspiegel der eigenen Vergangenheit erlauben, geht voll auf. Es ist schön, die typische Diesel-Heckflosse von Mercedes wiederzusehen oder den Citroën DS, ob man sie nun aus eigener Erinnerung kennt oder als Film-Requisite.

- -

Klassikstadt, Orber Straße 4 a, 60386 Frankfurt, Tel. (0 69) 40 89 69 80
www.klassikstadt.de
ÖPNV: S-Bahn, Haltestelle Ostendstraße; Tram 11, Haltestelle Casellastraße

Edle Champagnerlaune

37 *Mondän genießen im Käfer's im Kurhaus*

Hand aufs Herz: Wann haben Sie das letzte Mal davon geträumt, so richtig dazuzugehören zur mondänen Welt der Superreichen? Luxusleben im Edelambiente, mit – um es mit der Band *Glasperlenspiel* zu sagen – „knallharten Champagnerfeten, dicken Villen und Sonnenbrillen"? Sicher, zum Glücklichsein braucht es das alles nicht. Aber manchmal macht es einfach gute Laune, sich wie die Starbesetzung im eigenen Leben zu fühlen. Die volle Grandezza!

Sie ahnen es bereits: Für die Inszenierung Ihres nächsten großen Moments haben wir schon eine Idee. Nichts ist einfacher in einer Stadt wie Wiesbaden mit ihren noblen Villen und ihrem wilhelminischen Chic, als sich auf edle Weise zu amüsieren. Besonders gut kann man das natürlich auf der Rue, in den Designerboutiquen entlang der Wilhelmstraße, oder beim staunenden Blick in die Schaufenster der Antiquitäten-Geschäfte an der Taunusstraße. Noch besser: Sie schnappen sich bei nächster Gelegenheit Ihre beiden besten Freundinnen und laden sie zu einer nachmittäglichen Flasche Champagner ins Käfer's Bistro im Kurhaus ein. Einfach so. Weil Sie es können. Lassen Sie sich von den höflichen Kellnern einen schönen Tisch mit Ausblick auf die Kolonnaden und das Bowling Green geben, und wählen Sie einen der edlen Tropfen aus. Die originale Einrichtung, aufwendig zusammengetragen aus Pariser Restaurants und von Märkten in ganz Frankreich, schafft einen charmanten Rahmen für Ihren stilvoll-verschwenderischen Nachmittags-Schwips. Besonderer Blickfang sind mehr als 400 Bilder in nur scheinbar chaotischer Petersburger Hängung. Essen kann man natürlich auch: Serviert wird eine klassische Bistro-Küche mit monatlich wechselnder Speisenkarte. Regionale Produkte von höchster Qualität gehen mit Delikatessen aus Pariser Markthallen eine stimmige Symbiose ein. Verschiedene Pastavarianten und Feinstes aus der Patisserie werden im Haus gefertigt. Auf der Terrasse trifft sich tout Wiesbaden – und Sie gehören jetzt gerade auf jeden Fall dazu!

· ·

Käfer's Bistro, Kurhausplatz 1, 65189 Wiesbaden, Tel. (0 6 11) 53 62 00
www.gerdkaefer-rolandkuffler.de
ÖPNV: Bus 1, 8 und 18, Haltestelle Kurhaus/Theater

So schmeckt die Heimat

38 *Das Günderodehaus in Oberwesel*

Erinnern Sie sich noch an die Chronik *Heimat,* die Trilogie über eine Familie aus dem Hunsrück vor dem Hintergrund politischer Geschehnisse und gesellschaftlicher Entwicklungen im 20. Jahrhundert? Filmemacher Edgar Reitz erzählte darin die Geschichte der Familie Simon aus Schabbach und schrieb damit weit über Deutschland hinaus Filmgeschichte. Im Mittelpunkt von *Heimat* stehen Clarissa und Hermann und die Träume von unvergesslichen Film-Gestalten, die ihre Heimat verlassen, eine neue Heimat suchen und nach dem Fall der Mauer um die Jahrtausendwende neue Lebenskonzepte für ihre Zukunft entwerfen.

Die drei Hauptorte des Geschehens in den Filmen, die zwischen 1984 und 2004 auch mit großem Erfolg im Fernsehen liefen, sind die Dorfschmiede in der fiktiven Gemeinde Schabbach im Hunsrück, die Fuchsbau-Villa in München-Schwabing und das sogenannte Günderodehaus in Oberwesel in der Nähe des Loreleyfelsens. Und genau dieses Günderodehaus ist ein 200 Jahre altes Fachwerkhaus, das aus Seibersbach im Hunsrück stammt und vorsichtig Stück für Stück abgetragen wurde. Zunächst für die Verfilmung als baufällige Ruine aufgebaut, wurde es im Laufe der Dreharbeiten restauriert und ist heute für Besucher aus aller Welt zugänglich. Ein romantisches Fachwerkhaus hoch über dem Rheintal mit einem sagenhaften Blick auf die historische Altstadt und die Loreley, wird die ehemalige Filmkulisse seit 2005 gastronomisch genutzt. Im einstigen Muse-Zimmer von Hermann Simon ist die Küche installiert, und dort, wo einst der Konzertflügel stand und Hermann die Wiedervereinigungs-Symphonie komponierte, werden heute Hunsrücker Gerichte wie gefüllte Klöße und Wildragout sowie feine Kuchen serviert. Die Kuchen und Süßspeisen sind besonders köstlich und machen bei all dem historischen Heimatgefühl auch garantiert glücklich: Kirsch-Streuselkuchen und saftiger Schoko-Nuss-Kuchen sind die Klassiker, köstlich ist aber auch die Spätburgunder-Waldbeergrütze mit Vanille-Eis und Sahne.

▶ Günderodehaus, Siebenjungfrauenblick 15, 55430 Oberwesel, Tel. (0 67 44) 71 40 11
www.guenderodefilmhaus.de
▶ ÖPNV: Haltestelle Stadt-Oberwesel Bahnhof, von hier ca. 20 Minuten Fußweg

Die Welt auf ½ Kilometer

39 *Die Wellritzstraße im Wiesbadener Westend*

Sie ist bunt, laut, ein wenig berüchtigt und dabei so etwas wie das Herz des Wiesbadener Westends: die Wellritzstraße. Gebaut wurde sie Mitte des 19. Jahrhunderts auf dem Faulweidenborn, einer Feuchtwiese, durch die sich der Wellritzbach schlängelte. Zunächst siedelten sich Handwerker an, ab 1850 gaben die heute noch erhaltenen Wohnhäuser der Straße ihr Gesicht. Italiener waren die Ersten, die in den 1960er-Jahren herzogen, dann kamen türkische Migranten.

Heute nennen Menschen aus 25 Nationen die 439 Meter lange Straße ihr Zuhause. Gewerbetreibende heißen hier mit Vornamen Ismail und Zülfü, und vom Gemüseladen bis zur Wiesbadener Schule für Schauspiel findet man hier genau die bunte und multikulturelle Mischung, die Städte zu eben jenen Schmelztiegeln macht, die ebenso viele Menschen zu faszinieren wie abzustoßen scheinen. Doch seit *Der Spiegel* der Straße im Jahr 2004 einen ganzen „Problemkiez"-Artikel widmete, hat sich viel getan: Quartiersmanagement und Nachbarschaftsinitiativen machen das Leben für alle Bewohner lebenswerter. Mit dem Wellritzhof wurde ein Kinderzentrum mit bunten Freizeitangeboten eröffnet, der Verein Kubis organisiert Kulturprogramme.

30 Einzelhändler, 15 Gastronomiebetriebe und 49 Dienstleistungsunternehmen sind hier ansässig und machen die Wellritzstraße zu einem beliebten Einkaufsziel, das durch Lebendigkeit und Vielfalt besticht und von überallher die Kunden anlockt. Es macht Spaß, durch die vielen kleinen Geschäfte zu schlendern und das kunterbunte Angebot zu bewundern. Straßen wie diese stellen ein wichtiges Gegengewicht zur „Starbuckisierung" unserer Innenstädte dar. Während in vielen deutschen Fußgängerzonen die immer gleichen Filialisten das Warenangebot bestimmen, überlebt hier der Einzelhandel in seiner ganzen Diversität. Hier gibt es sie noch, die volle bunte Mischung: Bäcker, Friseur, Feinkostladen, Reisebüro, Handygeschäft, Fahrschule, Juwelier, Modegeschäft, Teppich- und Gardinenladen, Kiosk, Dönerbude, Fischgeschäft, Restaurant.

• •

○ Wellritzstraße, 65183 Wiesbaden
○ ÖPNV: Haltestelle Bleichstraße

Wenn der Kuckuck ruft

40 *Die (fast) größte Kuckucksuhr der Welt*

Jeden Tag von 8 Uhr morgens bis 8 Uhr abends versammeln sich an der Ecke Burgstraße/An den Quellen in Wiesbaden zu jeder vollen und zu jeder halben Stunde Touristen, Mütter mit kleinen Kindern, Rentner und eigentlich alle, die gerade zufällig vorbeikommen, bleiben stehen und warten. Sie warten vor einer überdimensional großen Schwarzwalduhr darauf, dass der Kuckuck ruft und sich anschließend zu Glockenspielklängen die Tanzpärchen im Kreis drehen.

Die riesige Kuckucksuhr „hängt" in der Fensterfront eines Souvenirladens inmitten der Innenstadt – im Grunde füllt sie das Schaufenster sogar komplett aus. Sie wurde bereits 1946 vom Inhaber des Ladengeschäfts, Emil Kronenberger, aufgestellt. Warum Kronenberger sich nun ausgerechnet für eine überdimensionierte Kuckucksuhr entschied, wissen nicht einmal die Historiker. Vermutlich war die Uhr schlicht als Werbegag gedacht, um mehr Kunden in den Laden zu locken. Irgendwer verlieh der Uhr schließlich den Titel „größte Kuckucksuhr der Welt" – was aber streng genommen gar nicht stimmt: Die unbestritten größte solche Uhr wurde 1994 in Triberg im Schwarzwald eingeweiht und ist über 15 Meter hoch. Ihre direkte Konkurrentin steht im Harz und misst immerhin 14,50 Meter, während im Schwarzwaldort Schonach ein Haus als allergrößte Kuckucksuhr beworben wird. Immerhin könnte man die Uhr in Wiesbaden aber wohl als größte hängende Kuckucksuhr der Welt bezeichnen.

Die Uhr mit Jagdmotiven im Stil der klassischen Schwarzwälder Kuckucksuhren ist ein echter Publikumsmagnet, und wenn der Zauber vorbei ist und die Tänzer und der Kuckuck wieder verschwunden sind, zieht auch die staunende Besucherschar weiter, mit einem glücklichen Lächeln im Gesicht.

Im Laden selbst gibt es herrlich kitschige Souvenirs wie Bierkrüge, Nussknacker und Räuchermännchen und natürlich auch Original-Kuckucksuhren aus dem Schwarzwald. Alle Kuckucksuhren mit Melodie spielen übrigens gleich zwei Stücke: *Edelweiß* und *Fröhlicher Wanderer*.

● Gebr. Stern GmbH, An den Quellen 3, 65183 Wiesbaden, Tel. (06 11) 30 21 12
www.gifts-from-germany.com
● ÖPNV: Bus 6, Haltestelle Am Michelsberg; Bus 1, Haltestelle Kurhaus/Theater

Einmal rund um den Globus

 41 *Das Arboretum Main-Taunus in Schwalbach*

Wer liebt ihn nicht, den Wald mit seinem würzigen Duft, dem moosigen Unterholz, in dem es knackt und raschelt, und natürlich seinen Hauptdarstellern, den Bäumen, Sträuchern, Gräsern und Tieren? Zwischen Schwalbach, Sulzbach und Eschborn wurde vor 35 Jahren eine ganz besondere Waldparklandschaft angelegt: das Arboretum Main-Taunus. Anfang der Achtzigerjahre kaufte das Land Hessen ein ehemaliges Flughafengelände und machte auf den riesigen 76 Hektar mehr als 600 verschiedene Baum- und Straucharten aus vier Regionen der nördlichen Erdhalbkugel heimisch.

Binnen nur 2 Stunden kann man hier durch 38 natürliche Waldgesellschaften spazieren und Wälder aus Mitteleuropa, Kleinasien, Japan, dem Himalaja, China und Nordamerika erleben. Das ist fast wie eine Weltreise im Schnelldurchlauf. Die Farb- und Formenvielfalt ist grandios. Wandern Sie von den sommergrünen Laubwäldern Nordamerikas durch die Nadelwälder des Nordens bis ins südliche Mitteleuropa. Vorbei an den im Westen Nordamerikas beheimateten Mammutbäumen, weiter zu den ausladenden Himalaja-Zedern, die mit ihren Ästen besonders gut Niederschläge abtropfen lassen, durch Korkbaumhaine bis zu einem einzelnen Ginkgo-Baum, den Jugendliche 2009 mitten in eine Weggabelung gepflanzt haben. Ob es ein männlicher oder weiblicher Baum ist, wird sich erst in über 20 Jahren zeigen – so lange dauert es, bis die weiblichen Bäume Früchte tragen.

In diesem Baumpark gedeihen aber nicht nur Exoten. So gibt es seit 2007 zum Beispiel ein Castaneum mit 30 verschiedenen Edelkastanienarten. Und auch die in hessischen Wäldern vertretene Rotbuche steht hier in natürlicher Gesellschaft mit Tanne, Fichte und Eberesche. Dazwischen finden sich die für die Region typischen Streuobstwiesen. Das ganze Jahr finden außerdem Veranstaltungen statt, wie die Wildkräuterbestimmung im Frühjahr. Das Highlight im Kalender ist der Indian Summer, wenn die aus Nordamerika stammenden Laubbäume leuchtend gelbe bis scharlachrote Blätter tragen. Kamera nicht vergessen!

⊙ **Arboretum Main-Taunus, 65824 Schwalbach am Taunus**
www.arboretum-main-taunus.de
⊙ **ÖPNV: S3, S4, Haltestelle Eschborn-Südbahnhof; Bus 58, 810, Haltestelle Sossenheimer Straße**

Kochen zum Whisky

42 *Das Whiskyfachgeschäft in Darmstadt*

Es war an einem Sommerabend auf der schottischen Whiskyinsel Islay. Marion und Chris Pepper saßen mit Freunden auf der Terrasse und genossen die Aromen und den Geschmack guter Whiskys, als einer der Anwesenden plötzlich sagte: „Mensch, Chris, du bist doch Koch. Koch doch mal etwas, das dazu passt!" Der war sofort begeistert und zog sich schon am nächsten Tag mit einem Notizblock zurück, um jedes einzelne Aroma der unterschiedlichen Whiskys festzuhalten. Darauf stimmte er sein Menü ab, und dieses Whisky-Dinner war ein voller Erfolg. Zurück in Deutschland veranstaltete Chris Pepper dann weitere solche Dinner, die auf den Aromen der dazu servierten Whiskys aufbauten. Seine Gäste waren so begeistert, dass sie ihn motivierten, seinem großen Traum zu folgen: einen eigenen Whiskyladen zu eröffnen.

2007 war es so weit: Gemeinsam mit seiner Frau eröffnete er den Whiskykoch in Darmstadt, ein Fachgeschäft für Single Malt Whiskys mit großer Auswahl. Ergänzend kann man Fachliteratur, Schokolade aus der Manufaktur Schell, Whisky-Marmeladen und keltischen Schmuck erstehen. Daneben gibt es Vorträge, Tastings und Whisky-Dinner. Alle Veranstaltungen werden von Chris Pepper moderiert, der dabei ganz genau und gut nachvollziehbar erläutert, ob ein Whisky zum Dessertbegleiter wird oder eher zu einem kräftigen Braten passt. Das Ambiente ist gediegen-gemütlich und das Essen einfach grandios: Stiltonsuppe mit Erdbeer-Chutney, Schweinebraten mit Kräuter-Kartoffelpüree und Johannesbeersauce, hinterher Pfirsich-Pannacotta mit Honigherz. Auch echten Whisky-Anfängern wird am Ende klar, dass zum Dessert natürlich ganz besonders gut der irische Tyrconnell Whiskey aus dem Madeirafass mundet. Ein Glück, dass Chris und Marion Pepper alles so liebevoll und detailreich erklären.

Hier kann mancher Whiskyprofi noch etwas lernen, doch auch Laien bekommen in den Einsteiger-Tastings einen guten Einblick. Ein Besuch beim Whiskykoch lohnt sich auf jeden Fall und beweist, dass Whisky bei Weitem nicht nur etwas für reiche ältere Herren ist.

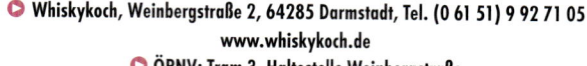

Whiskykoch, Weinbergstraße 2, 64285 Darmstadt, Tel. (0 61 51) 9 92 71 05
www.whiskykoch.de

ÖPNV: Tram 3, Haltestelle Weinbergstraße

Sommerfrische am Hang

 43 *Ein Badetag im Wiesbadener Opelbad*

Ein Schwimmbecken, eine Liegewiese, ein Kiosk – fertig ist das Freibad. Jetzt noch eine grandiose Aussicht, zeitlos schöne Bauhauslinien, einen Hauch der mondänen Cote d'Azur, und schon haben wir das schönste Schwimmbad der Region: das Opelbad in Wiesbaden. Was für ein Sommerglanzlicht! Nichts erinnert hier in den Weinbergen am Südhang des Nerobergs an das lärmige, in Frittierfett getauchte Standard-Schwimmbadambiente.

Über den Dächern der hessischen Landeshauptstadt fühlt man sich spontan um Jahrzehnte zurückversetzt und würde sich nicht wundern, säße das 62er-Bond-Girl Ursula Andress in ihrem weißen Bikini in einem der Liegestühle, die rund um das azurblau gefliste Becken stehen. Und auf dem Parkplatz könnten gut und gerne amerikanische Buicks und Chevrolets aus den Fünfzigern parken – dabei steht hier doch Opel Pate, Geheimrat Dr.-Ing. h. c. Wilhelm von Opel, um genau zu sein. Der Wahl-Wiesbadener spendierte der Stadt das Freibad. Nachdem dank seiner großzügigen Spende das Geld beisammen war, wurde – wie in Wiesbaden üblich – zunächst leidenschaftlich über das geplante Projekt, vor allem über dessen Standort, gestritten. Zum Glück für alle Nachkommen setzte sich der Neroberg als Bauplatz durch. Das Bad am Berg wurde im Juni 1934 eröffnet und sogleich als „einmalige Attraktion und modernstes Bad Deutschlands" bejubelt. Selbst von weit her angereiste Kurgäste schwärmten vom schönsten Schwimmbad der Welt, und das ist es für viele heute noch. Das Wasser im 65 Meter langen, 12 Meter breiten Becken glitzert wie ein Bergsee. Traumhaft ist der Blick, den man von der terrassenartig angelegten Liegewiese aus genießt. Im Vordergrund die Gründerzeit-Villen des Nerotals, weiter hinten die spitzen Türme der mächtigen Marktkirche. Und wer mag, der kann den Badetag auf der Terrasse des angeschlossenen Restaurants ausklingen lassen. Von hier hat man nicht nur einen traumhaften Blick über das Schwimmbad und die russische Kapelle, sondern bei klarem Wetter bis zur Rheinebene.

Opelbad, Neroberg 2, 65193 Wiesbaden, Tel. (06 11) 17 46 49 90
www.wiesbaden.de/microsite/mattiaqua/frei-hallenbaeder/freibad-opelbad
ÖPNV: Bus 1, Haltestelle Nerotal, von dort weiter mit der Nerobergbahn

Disc-Golf und mehr

44 *Im Ostpark in Rüsselsheim*

Wenn im Ostpark die Scheiben fliegen, dann sind keine Ufos unterwegs, sondern die Disc-Golf-Spieler. Der Trendsport, der aus den USA kommt, findet auch hierzulande immer mehr Anhänger. Es geht darum, mit möglichst wenigen Würfen einen Kurs von meist 18 Bahnen zu absolvieren. Von festgelegten Abwurfzonen aus wirft der Spieler die Scheibe in Richtung eines Fangkorbs aus Metall; wenn die Scheibe darin landet, ist die jeweilige Bahn zu Ende gespielt. Wer zum ersten Mal Disc-Golf spielt, für den ist es ein großes Glücksgefühl, wenn die Disc dann tatsächlich im Korb landet. Es braucht ein wenig Zeit und Einfühlungsvermögen, aber dann macht es richtig Spaß. Die Länge der Bahnen beträgt, je nach Parcours und Schwierigkeitsgrad, zwischen 40 und 250 Metern. Der Verein Scheibensucher in Rüsselsheim hat mittlerweile einen eigenen Parcours im Ostpark, der fest installiert und das ganze Jahr über bespielbar ist. Wer Disc-Golf ausprobieren möchte, ist jederzeit beim Training der Scheibensucher willkommen – im Sommerhalbjahr immer dienstags ab 17 Uhr und sonntags ab 9 Uhr. Die Discs können vor Ort ausgeliehen werden.

Das insgesamt 40 Hektar große Parkareal liegt zwischen der Innenstadt von Rüsselsheim und ihrem ältesten Stadtteil Haßloch. Hier treffen sich Kinder, Jugendliche, Familien und Rentner, denn der Park bietet vielseitige Möglichkeiten: Platz für ausgedehnte Spaziergänge, Liegewiesen, Parkbänke und Fahrradwege. Außerdem beherbergt der Park ein Wild- und ein Vogelgehege sowie einen großen Waldspielplatz. Und neben dem attraktiven Disc-Golf-Parcours gibt es noch weitere Möglichkeiten, sich sportlich auszutoben: Die Boule-Fläche, das Badmintonfeld und die Minigolfanlage sind vor allem bei Familien sehr beliebt; gegen eine kleine Gebühr können Minigolfschläger und Bälle ausgeliehen werden. Wer gerne klettert und sich dabei schwindelfrei in luftiger Höhe tummeln mag, kann den Kletterwald besuchen. Dessen Parcours besteht aus 90 Elementen in Höhen von 2 bis 12 Metern.

· ·

🔘 **Ostpark Rüsselsheim, Lindenallee 41, 65428 Rüsselsheim**
🔘 **ÖPNV: Bus 61, Haltestelle Rüsselsheim Adam-Opel-Straße; Bus 32, Haltestelle Rüsselsheim Haßlocher Straße**

Lust auf Text

45 *Das Frankfurter Literaturhaus*

Am Mainufer schlägt das kulturelle Herz von Frankfurt. Dort sind zahlreiche Museen angesiedelt und nicht zuletzt auch das Literaturhaus Frankfurt, das direkt neben dem Hospital zum Heiligen Geist steht. Dieser Glücksort widmet sich der Kunst des Schreibens und ihrer Wirkung auf den Geist und das Herz des Lesers.

Das Gebäude, in dem früher die Stadtbibliothek untergebracht war, strahlt mit seinen Säulen vor dem Eingang und den hohen Decken schon von außen genau das aus, was gute Literatur ausmacht: Erhabenheit und Schönheit. Eine breite Treppe führt hinauf zu den Konferenzräumen. Hier finden jeden Donnerstag ab 17 Uhr die *Shared reading sessions* statt, bei denen mit Tee und Keksen gemeinsam ein Prosatext und zum Abschluss noch ein Gedicht gelesen und besprochen werden. Der Autor wird dabei allerdings erst am Ende erwähnt, damit die Teilnehmer unvoreingenommen an die Texte herangehen können. Ein Moderator liest den Text und nimmt die Besucher mit auf die literarische Reise. Wer sich darauf einlässt, kann die reale Welt für anderthalb Stunden hinter sich lassen und macht möglicherweise die magische Erfahrung, sich ganz der Geschichte hinzugeben. Das Hören des Textes ruft Emotionen und Bilder hervor, die man hinterher gemeinsam mit der Gruppe teilen und diskutieren kann. Es sind oftmals Momente, die mehr im Herzen des Lesers bewirken können als vielleicht zunächst angenommen, wie Hauke Hückstädt, der Leiter des Literaturhauses, findet. Denn, so erläutert er: „Lesen hat immer Folgen. Auf dem Meer der Entscheidungen kann es eine einzige Zeile sein, die uns Jahre später, unbemerkt von uns selbst, die eine oder die andere Richtung aufnehmen lässt."

Neben den *Shared reading sessions* bietet das Literaturhaus auch Autorenlesungen und andere literarische Veranstaltungen sowie Ausstellungen. Und ein exquisites Restaurant, das die Kochkunst vergangener und beinahe vergessen geglaubter Zeiten wieder aufleben lässt. Die gute alte Küche feiert hier köstliche Hochkonjunktur.

- Literaturhaus Frankfurt, Schöne Aussicht 2, 60311 Frankfurt am Main, Tel. (0 69) 7 56 18 40 www.literaturhaus-frankfurt.de
- ÖPNV: S1, S6, S8 und S9, Haltestelle Ostendstraße; Bus 30 und 36, Haltestelle Schöne Aussicht; Tram 14 und 18, Haltestelle Hospital zum Heiligen Geist

Grillen mit Aussicht

46 *Entspannen im Lohrpark in Frankfurt*

Die berühmte Skyline gehört ebenso zu Frankfurt dazu wie der Äppelwoi. Ein Ort, der beides vereint, kann nur ein ganz besonderer Glücksort sein. Der Lohrberg bietet einen überwältigenden Ausblick über die Stadt und eine besonders entspannte Atmosphäre. An schönen Sonnentagen weht immer der Duft von gegrillten Leckereien über die grünen Wiesen, vorbei an Kindern, die Frisbee oder Fußball spielen, und Pärchen, die mit einem guten Buch auf einer Decke entspannen, sowie weiter über den Hang, an dem die Trauben für den Lohrberger Riesling reifen. Den gibt es in der Lohrberg-Schänke, wo man neben herzhaften Mahlzeiten auch Kaffee und Kuchen bekommt. In den 50er-Jahren war das Lokal Treffpunkt vieler Frankfurter Musiker und Schauspieler, 2012 wurde es saniert und bietet heute eine vielseitige Speisekarte. Doch wer geht schon essen, wenn man auf der Wiese grillen darf?

Mit dem Auto und mit öffentlichen Verkehrsmitteln ist der Lohrpark gut zu erreichen; die Bushaltestellen Budge Altenheim (bergauf) und Heiligenstock (ebener Weg) sind jeweils nur 10 Gehminuten vom Park entfernt, sodass man die Picknick-Utensilien nicht allzu weit tragen muss. Für Autofahrer gibt es einen Parkplatz, der an schönen Tagen jedoch schnell voll ist. Man sollte am besten schon früh starten und den ganzen Tag hier verbringen. Nach dem Essen empfehlen wir einen kleinen Verdauungsspaziergang. Ein Weg führt am Kinderspielplatz vorbei direkt zum Main-Äppel-Haus Lohrberg, einem eingetragenen Streuobst-Verein, der neben selbst gekeltertem Apfelsaft und Äppelwoi auch regelmäßig Veranstaltungen zum Thema Naturschutz anbietet.

Die Frankfurter lieben ihren Hausberg übrigens so sehr, dass sie sogar ein Gedicht über ihn verfasst haben. Mit dem letzten Vers ist alles gesagt, was es über den Berg noch zu sagen gibt: „Mei Lohrberg-Loblied, glaub es mir / es fände noch kein Ende. / Mer bräucht noch arsch viel Zeit dafür / um alles zu bedenke. / Warum ich hier so glücklich bin? / Am beste is, geht selwer hin."

....

⊙ Lohrbergpark, Am Lohrberg, 60389 Frankfurt am Main
⊙ ÖPNV: Bus 30 und 69, Haltestelle Heiligenstock; Bus 43, Haltestelle Budge Altenheim

Glücksritter am Roulettetisch

47 *Am Spieltisch im Wiesbadener Casino*

Spielbanken umweht von jeher der Duft der großen weiten Welt, des Glamours und der Eleganz. Gleichzeitig sind sie aber auch Orte der Dekadenz und der Versuchung, ein wenig verrucht, nicht selten auch verraucht, aber immer mit Stil und viel Atmosphäre. Durch alle Zeiten hindurch fühlten sich Menschen angezogen von der Verheißung schnellen Reichtums, der weder ererbt noch erarbeitet wurde, sondern einzig und allein dem Zufall zu verdanken ist, dem Lauf der Roulettekugel oder dem glücklichen Blatt auf der Hand.

Heilquellen und Badeorte waren schon immer beliebte Spielorte, die vermögende Gäste nicht nur anlockten, weil sie die Gesundheit förderten, sondern auch, weil man sich dort ausgiebig amüsieren konnte. So wurde auch in Wiesbaden der Casinobetrieb früh zu einem florierenden Wirtschaftszweig. Bereits im Jahr 1771 erteilte der Fürst von Nassau-Usingen der Stadt eine Konzession für Kartenspiele, 1810 eröffnete im Kurhaus die Spielbank Wiesbaden. Heute ist das Casino im ehemaligen Weinsaal im Kurhaus untergebracht, und es ist eines der größten, traditionsreichsten und schönsten Häuser Deutschlands. Der Besuch, der übrigens bis in die Mitte der 1980er-Jahre für Wiesbadener aufgrund des Residenzverbotes unmöglich war, lohnt schon allein wegen des luxuriösen Ambientes. Mit seinen kirschbaumholzgetäfelten Wänden und den riesigen Kristall-Kronleuchtern bietet es ein mondänes Ambiente für das Große Spiel mit Roulette, Blackjack und Poker. Wer also sein Glück herausfordern will, der kann sich hier dem Reiz des Spielens hingeben. Aber Vorsicht! Beachten Sie die goldene Regel: Nehmen Sie nur den vorher festgelegten Maximaleinsatz in bar mit, und lassen Sie Ihre Kreditkarten zuhause! Man darf das Glück herausfordern, ins Verderben stürzen sollte man sich dabei aber tunlichst nicht. Ach, und eins noch: Falls Sie gewinnen, vergessen Sie nicht, ein Stück für den Angestellten in den Tronc zu geben, den Trinkgeldtopf, denn auch heute noch werden die Gehälter der Casinomitarbeiter allein aus diesen Einnahmen bezahlt.

. . . .

Spielbank Wiesbaden, Kurhausplatz 1, 65189 Wiesbaden, Tel. (06 11) 53 61 00
www.spielbank-wiesbaden.de
ÖPNV: Bus 1, 16, 2, 8 und N10, Haltestelle Kurhaus/Theater

Griechische Kochkunst

48 *Das Mika in Frankfurt*

Wenn man auf Frankfurter Einkaufsstraßen zu sprechen kommt, so denken die meisten Menschen zunächst an die Zeil. Dabei ist die Berger Straße mit 2,9 Kilometern nicht nur die längste Einkaufsstraße der Stadt, sondern auch die vielfältigste. Hier wird großer Wert auf eine Individualität gelegt, die fernab vom Mainstream liegt, dementsprechend fehlen gänzlich die bekannten Ketten. Neben verschiedenen Secondhandläden und Boutiquen sorgt eine Vielzahl an Bars und Restaurants dafür, dass die Straße bis in den Abend hinein immer belebt ist. Und wirklich fast jedes Schaufenster, ob Geschäft, Café oder Restaurant, überzeugt mit seinen überraschenden Details und seinem stilvollen Ambiente.

Unser Glücksort ist am unteren Teil der Berger Straße in der Nähe der U-Bahn-Haltestelle Merianplatz zu finden. Schon einige Frankfurter haben das griechische Restaurant Mika für sich entdeckt, sodass der Inhaber hier vor allem Stammgäste begrüßt. Das liegt neben der familiären Atmosphäre auch an der ausgezeichneten Qualität des Essens. Die Speisekarte enthält eine ausgefallene mediterrane Küche mit westeuropäischen Einflüssen und wechselt alle 6 Wochen die Gerichte, die sich an der jeweiligen Saison orientieren. Neben bekannten griechischen Speisen wird mit außergewöhnlichen Kreationen aufgewartet, wie zum Beispiel einem Garnelen-Zucchini-Curry mit Basmatireis. Auch Vegetarier und Veganer finden hier nicht nur Notlösungen, sondern ein paar wirklich raffinierte Köstlichkeiten.

Man könnte nach dem Samstagabend-Dinner mit Freunden glatt am Sonntagmorgen zum Frühstück wieder hier aufkreuzen: Die abwechslungsreiche Frühstückskarte bietet unter anderem verschiedene Rührei-Varianten mit Feta oder Schinken, Tomaten, Frühlingszwiebeln, Baguette und Salat. Natürlich fehlt auch der sahnige griechische Joghurt mit Obst oder Honig und Nüssen nicht. Wer beim Essen gerne das Treiben auf der Straße beobachtet, sollte im Vorfeld unbedingt einen Platz an einem der großen Fenster reservieren.

● Mika, Berger Straße 31, 60316 Frankfurt am Main, Tel. (0 69) 90 43 79 79
● ÖPNV: U4, Haltestelle Merianplatz

Picknick in Film-Kulisse

 49 *Die Rotweinlaube in Assmanshausen*

Die Dreharbeiten für den Kinofilm *Ich bin die andere* mit Katja Riemann und Armin Mueller-Stahl waren abgeschlossen, das Team hatte die Technik wieder eingeräumt und war mitsamt Kulisse abgerückt. Allerdings hatten die Filmleute nicht alles mitgenommen: Einen romantischen Pavillon hatten sie zurückgelassen. Die Bewohner der kleinen Rotweingemeinde gossen ein ordentliches Fundament und stellten die seither als Rotweinlaube firmierende Filmkulisse an ihrem neuen Standort am Rheinsteig auf. Hier steht sie nun, hoch über Assmanshausen, und lädt zu einem romantischen Picknick ein. Einen grandiosen Ausblick über die Burgen Rheinstein und Reichenstein bis hinüber nach Lorch gibt es gratis dazu. Was für eine Landschaft! Der Fluss hat bereits einiges auf dem Buckel, wenn er sich, so ungefähr nach halber Strecke, ins enge Mittelrheintal zwängt und sich dort, wo die Hügel des Taunus und die Höhen des Hunsrücks eng aneinanderrücken, tief in das rheinische Schiefergebirge gräbt.

Buchstäblich jeder Felsvorsprung trägt hier eine mittelalterliche Burg, entweder als Ruine oder, sehr viel öfter, als im 19. Jahrhundert aufgerüschte romantische Rekonstruktion. Denn erst die empfindsamen Seelen der deutschen Romantiker mit ihrem Faible fürs Unfassliche waren es, die dem engen und schwer schiffbaren Flusslauf zwischen Bingen und Koblenz diesen verträumten, gefühligen und immer auch ein wenig düsteren Charakter verpassten, der uns noch heute in den Sinn kommt. Mit den Worten „Zu Bacharach am Rheine …" beginnt dann auch eines der berühmtesten deutschen Gedichte, und natürlich stammt es aus der Feder eines Dichters des 19. Jahrhunderts: Clemens Brentano. Die Romantiker fanden im Rheintal mit seinen tiefen Einschnitten, den hohen Felsen und erdigen Farben eine Art Seelenlandschaft. „Der schönste Landstrich von Deutschland", konstatierte schon 1801 Heinrich von Kleist in einem Brief von seiner Rheinreise, „an welchem unser großer Gärtner sichtbar con amore gearbeitet hat". Eine Gegend wie ein Dichtertraum.

⊙ Rotweinlaube, Rheinsteig, 65385 Assmannshausen
www.assmannshausen-am-rhein.de
⊙ ÖPNV: RB 10, Haltestelle Rüdesheim-Assmannshausen Bahnhof

Pink ist Trumpf

50 *Im Opel-Zoo in Kronberg*

Flamingos sind rund 80 Zentimeter groß und fressen gerne kleine Krebse. Der darin enthaltene rote Farbstoff, das Carotinoid, wird von den Flamingos aufgenommen und lagert sich in ihrem Körper ab, genauer gesagt in ihren Federn. Deshalb haben sie diese schöne Farbe. Durch ihre langen Beine wirken sie zudem außerordentlich elegant. Sie sind in jedem Zoo ein Highlight, besonders empfehlenswert ist aber ein Besuch im Opel-Zoo in Kronberg. Warum? Der Zoo wirkt gar nicht wie ein Zoo, sondern eher wie ein riesiger freier Tierpark. Das über 27 Hektar große Areal liegt inmitten des idyllischen Vordertaunus zwischen Kronberg und Königstein und ist ganzjährig geöffnet. Weitläufige Rundwege und Lehrpfade führen vorbei an gepflegten Tiergehegen, wo über 1400 Exemplare von 200 Tierarten leben. Die Artenvielfalt reicht von Polarfüchsen, Elchen und Dromedaren bis hin zu Afrikanischen Elefanten, Flusspferden, Piranhas, Affen, Erdmännchen und Krokodilen.

Der Opel-Zoo besitzt die einzigen Elefanten im Rhein-Main-Gebiet. Das moderne Elefantenhaus mit Außenanlage kostete 11,2 Millionen Euro und wurde im August 2013 fertiggestellt – eine erstaunliche Leistung angesichts der Tatsache, dass der Zoo keine Subventionen aus öffentlicher Hand oder andere externe Gelder erhält.

Empfehlenswert sind die Zooführungen, bei denen Zoopädagogen den Besuchern die Bedürfnisse und Besonderheiten der verschiedenen Tiere erläutern. Darüber hinaus gibt es viele saisonale Veranstaltungen wie Ostereiersuchen, einen Tag der offenen Tür und spezielle Schulferien-Programme.

Das Restaurant Sambesi mit Sonnenterrasse befindet sich mitten auf dem Zoogelände, das Restaurant Lodge direkt neben dem Haupteingang hat sich auf hochwertige Fleischgerichte spezialisiert, und es gibt einen Imbiss und mehrere Kioske. Wer sich selbst verpflegen möchte, kann einen Grillplatz reservieren oder inmitten der reizvollen Taunuslandschaft picknicken. Und dabei die vielen Tiere beobachten, nicht zuletzt die schönen rot-pinken Flamingos.

○ Opel-Zoo – Freigehege für Tierforschung e. V., Am Opel-Zoo 3, 61476 Kronberg
Tel. (0 61 73) 3 25 90 30, www.opel-zoo.de
○ ÖPNV: Bus X26 und 261, Haltestelle Opel-Zoo

Von Rittern und Rock'n'Roll

51 *Wunderbar Weite Welt Eppstein*

Wo, wenn nicht auf einem alten Bahnhof, darf man fröhlich alliterierend der Wunderbar Weiten Welt gedenken? Die Wunderbar, wie sie Eingeweihte kurz nennen, befindet sich in dem 1903 gebauten, denkmalgeschützten Jugendstil-Bahnhofsgebäude im idyllischen Taunusstädtchen Eppstein. So munter wie der Name ist auch das Konzept des Cafés/Restaurants/Clubs. Statt gutbürgerlicher Taunus-Gastronomie wird hier eine moderne Crossover-Küche angeboten, die deutsche mit mediterranen und asiatischen Elementen verbindet und auch kleine Ausflüge nach Afrika und Südamerika nicht scheut. Und das alles zu passablen Preisen. Sonntags lässt es sich auf der Terrasse mit herrlichem Blick auf die mittelalterliche Burgruine Eppstein ganz vortrefflich brunchen. Hoch über der Stadt auf einen Felssporn gebaut, steht der einstige Adelssitz der Herren von Eppstein, die im 13. Jahrhundert als Mainzer Erzbischöfe die Reichspolitik mitbestimmten – das Wahrzeichen der Stadt. Der Sage nach sind in der Spornburg die Rippen eines Riesen verbaut, der in den wirren Felsenschluchten und dunklen Gebirgstälern um Eppstein herum hauste, wie es die Sagensammlung von Ludwig Bechstein von 1853 zu berichten weiß. Dieser Wüstling hatte die schlechte Angewohnheit, Jungfrauen aufzulauern. Als er sich ein Fräulein von Falkenstein schnappte, das der edle Ritter Eppo minnte, überwältigte dieser den Riesen, schleppte ihn auf einen hohen Felsen und stürzte ihn von dort wieder hinunter. Eppo bekam sein Fräulein, und beim Bau der Burg wurden in den Torbogen die Rippen des Riesen eingemauert. Die Eppsteiner lieben ihre Burg und führen in der Ruine schon seit 1913 jeden Sommer die Burgfestspiele auf. Auch die Wunderbar verwandelt sich abends zur Bühne, für handgemachte Musik. Dank guter Kontakte in die internationale Musikszene finden hier regelmäßig kleine, aber feine Clubkonzerte mit hochkarätigen US-Musikern aus Southern Rock und Bluesrock statt. Bis zu 250 Kilometer legen Fans für diese Konzerte zurück.

🔴 **Wunderbar Weite Welt, Am Stadtbahnhof 1, 65817 Eppstein, Tel. (0 61 98) 58 55 06**
www.wunderbar-weitewelt.de
🔴 **ÖPNV: Haltestelle Eppstein Bahnhof**

Ein Dachgartenparadies

52 *Das Hotel Nizza im Frankfurter Bahnhofsviertel*

Kaum ein Viertel hat sich in Frankfurt in den letzten Jahren so stark verändert wie das Bahnhofsviertel – zwar gehört es von der Einwohnerzahl her zu den kleinsten der Stadt, was den Unterhaltungswert betrifft, ist es mittlerweile aber ein echtes Highlight. War es früher ein reines Rotlichtviertel, so finden sich in diesem Kiez heute viele köstliche gastronomische Angebote und kreative Kulturevents, aber auch ungewöhnliche Übernachtungsmöglichkeiten, wie zum Beispiel das Hotel Nizza.

Vom Hauptbahnhof aus zu Fuß in nur 5 Minuten zu erreichen, liegt das fünfgeschossige Hotel mit seiner sorgsam restaurierten Gründerzeitfassade ideal zwischen Bankenviertel und Museumsufer, Theaterplatz und Messe. Die 26 Nichtraucherzimmer sind geschmackvoll eingerichtet (drei davon, die Nummern 21, 31 und 41, haben sogar einen Balkon zum Hinterhof). Ursula Gerner, die das Hotel gemeinsam mit ihrem Mann führt, legt Wert darauf, dass der ursprüngliche Charme des Gebäudes erhalten bleibt: Flügeltüren, Stuck, Erker und das schöne alte Parkett sollen in ihrer Wirkung nicht beeinträchtigt werden. Besonders beliebt sind die opulenten Bäder. Allerdings – und das sollte man wissen – liegen die schwarz-weißen Etagenbäder separat auf dem Flur, und jeweils zwei Zimmer müssen sich eines teilen. Natürlich verfügen die Zimmer zusätzlich über eine Dusche.

Am allerschönsten aber ist der charmante mediterrane Dachgarten mit seinem atemberaubenden Ausblick auf das Panorama der Frankfurter Skyline. Während unten der Verkehr tobt und die Menschen hektisch von A nach B rennen, ist dies eine Insel der Ruhe, mit gemütlichen Holzmöbeln und einer bunten Blumenkulisse. Das Frühstück ist reichhaltig und frisch, mit selbst zubereiteten Crèmes, man kann aber auch am Abend den Sonnenuntergang bei einem Gläschen Wein genießen. Dazu muss man nicht extra im Hotel übernachten, sondern kann einfach unten eine Flasche bestellen und mit nach oben nehmen. Und dann auf diesen besonderen Glücksmoment über den Dächern von Frankfurt anstoßen.

....

◉ Hotel Nizza, Elbestraße 10, 60329 Frankfurt am Main, Tel. (0 69) 24 25 38-0
www.hotelnizza.de
◉ ÖPNV: Tram 11, Haltestelle Weser-/Münchnerstraße

Schnee auf der Höhe

53 *Schlittenfahren im Hohen Taunus*

Im Winter hat das Glück sechs Ecken und fällt aus allen Wolken, wenn es im Himmel kalt genug ist. Dann reist es als glitzernde Flocken zur Erde und hüllt die ganze Welt in strahlendes Weiß. Und alle sind sie verschieden, es sind wohl noch nie zwei genau gleiche Kristalle zur Erde gefallen. Schnee ist schön, in Kombination mit Sonne sogar traumschön, und je weniger wir davon bekommen, umso mehr wünschen wir ihn uns zurück. Schnee verzaubert uns, weil er die Magie früher Kindertage zurückholt, an denen wir uns die Nasen an den Fensterscheiben platt drückten, dem Schnee beim Fallen zuschauten und innig hofften, er möge bitte liegen bleiben, zumindest genug davon, um endlich wieder einen Schneemann zu bauen oder den Schlitten aus dem Keller zu holen. Man muss inzwischen hoch hinaus für ein wenig Rodelglück. Wie gut, dass direkt vor den Toren Frankfurts der Taunus beginnt, das schönste Mittelgebirge der Welt oder auch einfach die Höhe, wie es nach dem Abzug der Römer jahrhundertelang genannt wurde. Natürlich lädt diese erlebnisreiche Natur- und Kulturlandschaft das ganze Jahr hindurch zu Glücksmomenten in der Natur ein. Doch wenn ausreichend Schnee gefallen ist, dann zieht es viele Wintersportler zum Rodeln und Skifahren auf den Großen Feldberg. Der Berg ist das Zentrum des Wintersports im Taunus, er bietet mit seinen knapp 900 Metern relativ gute Schneesicherheit und mit dem Siegfriedschuss die längste und bekannteste Abfahrt der Gegend. Gerade fürs Rodeln herrschen auf dem Feldberg-Massiv oft optimale Bedingungen. Eine der besten Pisten ist der Pechberg im Schmittener Ortsteil Oberreifenberg. Wer kann, der kommt unter der Woche, wenn nicht gerade halb Frankfurt den Hang hinunterfährt, so richtig auf seine Kosten. Also: nix wie rein ins Winterglück. Und nicht vergessen, auch beim Schlittenfahren kommt es auf die Technik an: Wer mit dem flachen Fuß statt der Ferse bremst, dem stäubt der Schnee nicht mitten ins Gesicht, und die größere Auflagefläche der Füße verkürzt den Bremsweg.

🔻 **Rodelbeg Pechberg, Waldstraße, 61389 Schmitten im Taunus-Oberreifenberg**
www.schmitten.de
🔻 **ÖPNV: Haltestelle Schmitten/Oberreifenberg**

Glückselige Druckkunst

 54 *Im Mainzer Gutenberg-Museum*

Johannes Gutenberg ist sicher der bedeutendste Sohn der Stadt Mainz. Mit der Erfindung des Buchdrucks mit beweglichen Lettern legte er den Grundstein für die moderne Medienkommunikation. Seine herausragende Bedeutung ist durchaus auch international anerkannt: Ende 1998 wählten amerikanische Journalisten in ihrem Buch *1000 Years – 1000 People* Gutenberg zur wichtigsten Persönlichkeit des 2. Jahrtausends und verliehen ihm das Prädikat *Man of the Millennium.* Im Zentrum der Mainzer Altstadt, gegenüber dem Dom, liegt das Weltmuseum der Druckkunst, das Gutenberg-Museum. Es wurde 1900 von Mainzer Bürgern gegründet und widmet sich Gutenberg, seinen Erfindungen und in Sonderausstellungen immer wieder deren Auswirkungen bis in die Gegenwart.

Eine Hauptattraktion im Gutenberg-Museum ist die 42-zeilige Gutenberg-Bibel. Das zweibändige Werk mit insgesamt 1282 Seiten entstand um 1454 herum mithilfe von etwa 20 Mitarbeitern. Aber auch die rekonstruierte Gutenberg-Werkstatt zählt zu den Attraktionen. Hier wird jeden Tag stündlich demonstriert, wie zu Gutenbergs Zeiten gedruckt wurde. Ein Film führt anschaulich in das Leben und Werk Gutenbergs ein.

TIPP *Eine Museums-App kann man schon vor dem Ausstellungsbesuch herunterladen.*

Druckerpressen aus mehreren Jahrhunderten werden präsentiert, und man kann sich über verschiedene Drucktechniken, die Buchkunst vieler Jahrhunderte, über die Geschichte des Papiers und der Schrift sowie über die Pressegeschichte informieren. Ausgewählte Sondersammlungen umfassen Akzidenzen, Exlibris, Grafiken, Plakate und auch Künstlerbücher.

Unbedingt empfehlenswert ist ein Besuch in der museumspädagogischen Werkstatt des Gutenberg-Museums. Im Druckladen kann man unter fachkundiger Anleitung selbst das Setzen und Drucken lernen. Wie wäre es zum Beispiel mit dem Wort glückselig?

🔴 **Gutenberg-Museum Mainz, Liebfrauenplatz 5, 55116 Mainz, Tel. (0 61 31) 12 26 40**
www.gutenberg-museum.de
🔴 **ÖPNV: Haltestelle Höfchen/Listmann**

Musik und Mittelalter

 55 *Ein Ausflug nach Idstein*

Ein alter Bergfried, Hexenturm genannt, buckliges Kopfsteinpflaster, ein Schloss, ein barocker Garten und ganz viel Mittelalter-Romantik: Das Taunusstädtchen Idstein mit seinen altertümlichen Gassen, schmucken Plätzen und liebevoll restaurierten Fachwerkhäusern ist wie gemacht für eine kleine Zeitreise ins Mittelalter. Natürlich wissen wir, dass unsere Welt, als sie noch ein halbes Jahrtausend jünger war, ein eher düsterer, gefährlicher und schmutziger Ort war. Aus der sicheren Entfernung der Geschichte heraus erscheint er uns aber auch bunt, vielgestaltig und intensiv.

Auf dem König-Adolf-Platz im Herzen der Idsteiner Altstadt etwa lässt sich an den mit Schnitzereien reich verzierten Fachwerkfassaden der liebevoll sanierten Bürgerhäuser aus dem 16. und 17. Jahrhundert frühneuzeitliche Handwerkskunst bewundern. Ganz ohne Pannen wurde aber auch damals nicht gebaut: Wegen eines Konstruktionsfehlers geriet das Mitte des 16. Jahrhunderts errichtete und heute als Schiefes Haus bekannte Fachwerkgebäude neben dem Rathaus in irritierende Schräglage.

 TIPP Genießen Sie im Juni die Kulisse der malerischen Altstadt beim alljährlichen Idsteiner Jazzfestival.

Geschichten aus allen Zeiten lassen sich in Idstein viele sammeln. Verbriefte, erfundene und verfilmte. Wie die vom Schatz im Café zum Löwen: 1928 entdeckten Handwerker beim Ausheben eines Weinkellers einen zerbrochenen Tonkrug, gefüllt mit uralten Münzen. Die Arbeiter verhökerten den kostbaren Fund hinter dem Rücken des Wirts an das Museum Wiesbaden. Oder die Legende um das 1615 erbaute Killinger-Haus, von dem es heißt, der gräfliche Amtsschreiber Johann Conrad Killing habe das reich verzierte Gebäude eigens für seine Frau von Straßburg nach Idstein versetzen lassen, weil ihr das Haus so gut gefiel. Und Anfang der 1960er-Jahre lieferte Idstein besonders pittoreske Motive für den Film *Café Europa* um den amerikanischen Soldaten Tulsa McLean, der im echten Leben mit seiner Stimme und seinem Hüftschwung als Elvis Presley unsterblich werden sollte.

⏵ Idstein im Taunus, www.idstein.de
⏵ ÖPNV: Haltestelle Idstein Bahnhof

Sawadee Kha!

56 Im Siam Spa Wellness in Mainz

Zugegeben, dieses Wellness-Center ist nicht ganz leicht zu finden: Zwar liegt es mitten in der Mainzer Innenstadt, aber etwas versteckt im ersten Stock, man erreicht die Räumlichkeiten durch einen unscheinbaren Seiteneingang. Aber einmal angekommen in diesem kleinen Paradies, ist die Alltagshektik schnell vergessen. Sanfte meditative Klänge und ein angenehmer Duft begrüßen die Besucher. Und überaus freundliche thailändische Frauen, die neben der traditionellen Thai-Massage auch Fußmassagen, Rücken-/Nackenmassagen, Gesichts- und Ganzkörpermassagen sowie Öl- und Aromatherapie-Massagen mit hochwertigen Natur-Ölen anbieten. Das alles in einer ansprechenden Atmosphäre, mit bequemen Liegen, vielen Kissen und einer Dekoration mit Gold und Buddha-Statuen. In Thailand sind Körpermassagen fester Bestandteil der Kultur, die Menschen dort lassen sich ganz selbstverständlich massieren. Die Thai-Massage wird dabei in erster Linie zur Vorbeugung angewandt, sie soll die Selbstheilungskräfte aktivieren und den Körper entspannen.

Besonders intensiv sind die Fußmassagen, von denen der gesamte Körper profitiert: Wir besitzen rund 70.000 Nervenbahnen an den Fußsohlen, und die Reflexzonen sind unseren Organen zugeordnet. Durch gezielte Stimulierung dieser Zonen werden deren Funktionen positiv beeinflusst. Die Nervengeflechte unter den Fußsohlen spiegeln nicht nur die Organe wider, sondern auch Gelenke und Muskeln: Der Zehenbereich repräsentiert Kopf und Hals, der Mittelfuß den Brustbereich, und der Bereich der Fersen entspricht der Becken- und Bauchgegend. Durch gezielte Druck- und Knettechniken lindert eine Fußmassage unterschiedliche Beschwerden, regt Kreislauf und Verdauung an, beeinflusst den Stoffwechsel positiv und löst Blockaden. Und das Beste: Man fühlt sich hinterher herrlich gelöst und verlässt glücklich schwebend dieses kleine Wellness-Paradies. Und gönnt sich vielleicht direkt gegenüber in dem Schuhladen ein paar neue Schuhe für die nun vollkommen entspannten Füße.

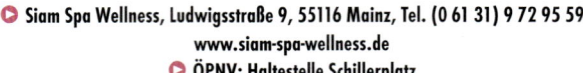

Siam Spa Wellness, Ludwigstraße 9, 55116 Mainz, Tel. (0 61 31) 9 72 95 59
www.siam-spa-wellness.de
ÖPNV: Haltestelle Schillerplatz

Sehnsuchtsort Wald

57 *Trekking im Spessart*

Ein langer Wandertag steckt voller Glücksmomente, in denen man die Einsamkeit genießen kann, durch verwunschene Wälder spaziert und entlang quirliger Bäche und orchideenreicher Wiesen die Nähe zur Natur mit allen Sinnen wahrnimmt. Anschließend sein Zelt mitten im Wald aufzuschlagen, weit weg von der nächsten Ortschaft und dem nächsten Campingplatz, das ist in Deutschland leider nicht möglich. Oder doch? Seit Neustem gibt es sie: Trekkingplätze, auf denen die Forstämter das Campen in der Natur erlauben. Seit Frühjahr 2017 können Trekkingbegeisterte diese besonders naturverbundene Art des Wanderns auch im Rhein-Main-Gebiet erleben, im nur ca. 50 Kilometer südöstlich von Frankfurt gelegenen Spessart. Zwischen Vogelsberg, Rhön und Odenwald gelegen, umfasst der Spessart den größten zusammenhängenden Laubmischwald in Deutschland. Ob kurzer Wandertrip, Tagestour oder Wochenendausflug – der Spessart hält für jeden die passende Route bereit. Zwischen den lichtumfluteten Eichen wacht der Spessartspecht, und Libellen summen in den grasgrünen Auen. Auf seiner Reise entdeckt man atemberaubende Lichtungen, die das einzigartige Naturschauspiel des Spessarts in seiner vollen Pracht verdeutlichen. Beim Blick in die Ferne ist man eins mit der Natur. Wer bisher durch den Spessart wanderte, musste zum Übernachten den Wald verlassen und sich in einer Pension, einem Hotel oder einem Gasthaus ein Bett suchen oder auf einem Campingplatz nächtigen.

Im Forstbetrieb Rothenbuch der Bayerischen Staatsforsten können Wanderer inmitten der wunderschönen Spessartwälder übernachten. Wo sich die abgeschiedenen Naturlagerplätze befinden, ist allerdings streng geheim. Wer dort übernachten will, schickt über die Internetseite eine Buchungsanfrage, dann bekommt er die GPS-Koordinaten des gewünschten Platzes. 10 Euro kostet eine Nacht pro Zelt. Es gibt eine Feuerstelle mit einfachen Bänken, Brennholz, ein Plumpsklo und gesammeltes Regenwasser zum Feuerlöschen.

● Trekkingplätze bei Rothenbuch
www.trekking-bayern.de
● ÖPNV: ab Aschaffenburg Bus 42, Haltestelle Rothenbuch Schloss

Aufstiegsglück oder Absturz?

58 *Der Börsenplatz in Frankfurt*

Nirgendwo sonst spiegeln sich Erfolg und Misserfolg, Kauf und Verkauf, Gewinn und Verlust so kristallklar wie an der Börse. Das ist auch in Frankfurt nicht anders, und genau deshalb erhielt der Bildhauer Reinhard Dachlauer 1985 den Auftrag, eine Skulptur zum 400-jährigen Bestehen der Frankfurter Börse zu erschaffen. Seit 1988 sind die Bronze-Skulpturen Teil des Börsenplatzes. Und seitdem sind sie ein beliebter Treffpunkt und ein noch beliebteres Fotomotiv. An manchen Tagen muss man sich fast in einer Schlange einreihen, um das perfekte Erinnerungsfoto mit dem Bullen und dem Bären zu schießen, das einen an diesen glücklichen Tag erinnern soll.

Imposant und vor Kraft strotzend stehen der Bulle und der Bär vor der eindrucksvollen Kulisse der Frankfurter Börse einander gegenüber. Die angespannte Kampfstellung der überlebensgroßen Bronze-Skulpturen spiegelt das Auf und Ab am Börsenmarkt wider. Der Bär steht in seiner eher geduckten, schwerfälligen Haltung für den Abwärtstrend an der Börse, wohingegen die stolze, aufgerichtete Position des Bullen Aufbruch und Optimismus repräsentiert. So ist auch die Platzierung der beiden Skulpturen zu interpretieren: Der Bulle, zwischen Bär und Börse aufgestellt, tritt als Beschützer der Börse auf, der das mögliche Unheil des Bären abwehren soll.

Nur ein paar Meter entfernt liegt die Hauptwache, der zentrale Dreh- und Angelpunkt der Stadt. Von hier gehen wesentliche Einkaufsstraßen ab: die Zeil – Fußgängerzone und Einkaufsstraße –, Liebfrauenstraße, Roßmarkt, Steinweg, Schillerstraße, die Große Eschenheimer Straße und ums Eck die mondäne Goethestraße. Es ist ein Clash der Kulturen: Frankfurts Shoppingmeile trifft auf das Bankenviertel und die historische Altstadt auf futuristische Hochhaus-Architektur. Und falls man sich vor oder nach dem legendären Bullen- und Bärenfoto stärken möchte, dann bitte im Café Hauptwache, früher Polizeiwache und Gefängnis, heute Café, Bar und Restaurant. Optimaler Treffpunkt für Drinks und ein leckeres Essen nach der Arbeit.

· ·

◉ Börsenplatz, 60313 Frankfurt am Main
◉ ÖPNV: Haltestelle Hauptwache

Picknick im Grünen

59 *Das Weingut Gernot Michel in Gundheim*

Das größte zusammenhängende Weinanbaugebiet in Deutschland befindet sich in Rheinhessen, was übrigens trotz seines Namens zu Rheinland-Pfalz gehört. Wahrscheinlich sind die sonnigen Weinberge auf der linksrheinischen Seite des großen Rheinbogens zwischen Bingen und Worms auch die älteste Weinprovinz der Region. Als die Römer 100 v. Chr. das Militärlager Moguntiacum (Mainz) gründeten, stießen sie dort bereits auf Reben. Besonders schön lässt sich die rheinhessische Landschaft mit ihren sanften, waldlosen Hügeln auf einer Fahrradtour erkunden. Zahlreiche Weingüter laden zur Rast ein, unser Geheimtipp aber ist ein Besuch im Weingut Gernot Michel in Gundheim.

Der Innenhof verbreitet südfranzösisches Flair und lädt bei einem Gläschen Wein oder einem prickelnden Secco zum Verweilen ein – auf diese „Freizeitbrause" ist der Familienbetrieb spezialisiert, die Qualitätsweine aus eigenem Anbau zeichnen sich durch Harmonie und Bekömmlichkeit aus. Auf Anfrage führen Gernot Michel und sein Sohn Thomas ihre Gäste gerne durch den Weinkeller. Auch eine Weinprobe in dem 200 Jahre alten Gewölbekeller, bei Kerzenlicht und regionalen Köstlichkeiten, ist ein echtes Highlight. Auf keinen Fall dürfen Sie sich den *Picknick-Spaß im Grünen* mit Anja Michels Spezial-Proviant entgehen lassen: Die Rheinhessin ist Landfrau mit Leib und Seele, und ihre Koch- und Backkünste sind zum Niederknien. Der Picknick-Korb hält Köstlichkeiten wie frisch gebackenen Hefekuchen mit dicken Butterstreuseln, würziges Landbrot mit Tomaten und Kräutern aus dem eigenen Garten und mit köstlichem Käse und Schinken bereit, dazu eine Flasche gut gekühlten Rieslingsekt. Die Hausherrin verrät ihren Gästen außerdem die schönsten Picknickplätze inmitten blühender Wiesen und Weinberge. Egal ob mit dem Fahrrad, zu Fuß oder erst mal ein Stückchen mit dem Auto – Anja Michel kennt die romantischsten Plätze im südlichen Rheinhessen.

TIPP Weinfreunden, die in Gundheim gelandet sind, sei außerdem ein Besuch auf dem Weingut Hasslinger ans Herz gelegt.

▶ Weingut Gernot Michel, Schlossgasse 41, 67599 Gundheim, Tel. (0 62 44) 46 44
www.weingut-gernot-michel.de
▶ ÖPNV: Bus 434, Haltestelle Bahnhof Gundheim

124

Kleine Bar ganz groß

60 *Die Bar Oppenheimer in Frankfurt-Sachsenhausen*

Eine gute Cocktail-Bar ist nicht nur eine Oase des Genusses und vielleicht auch ein clever designtes Kunstwerk, sondern immer auch eine Bühne, auf der man sich zeigt und andere beobachten kann. Das Rhein-Main-Gebiet bietet ein Füllhorn an attraktiven Bars, von der hypermodernen Szenebar über die lässige Cloulounge am Hafen bis hin zur hippen Retrobar. Dabei gleicht kaum eine der anderen, und sie alle verführen dazu, zu bleiben. Mal ist es die fetzige Salsa-Musik, die uns in Urlaubsstimmung versetzt, mal sind es gediegene klassische Töne, die uns sanft in die Nacht gleiten lassen.

Manche Bars kommen, andere gehen, einige bleiben – so wie die Bar Oppenheimer. Seit 3 Jahrzehnten ist die nur 40 Quadratmeter große Bar ein Dauerbrenner. Und das, obwohl sie eigentlich ganz schnörkellos daherkommt. Die Besucher gruppieren sich vor allem entlang der langen Theke, wo man ganz wunderbar die Barkeeper bei ihrer Arbeit beobachten kann. Wie sie die Cocktails zelebrieren! Es gibt selbstverständlich alle Klassiker und modernen Trend-Cocktails, aber die Barkeeper erfüllen auch gerne individuelle Wünsche und kreieren ganz neue Drinks.

Die Atmosphäre ist locker, ohne allzu aufgedonnerte Gäste – im Gegenteil: Hier treffen sich eher lässige Menschen, viele aus Kunst und Kultur. Am frühen Abend kann man noch gemütlich auf den Barhockern sitzen, sich unterhalten und aus den großen Panoramafenstern nach draußen schauen. Je später der Abend, desto voller wird die Bar und desto ausgelassener wird die Stimmung.

Ein schönes Angebot in der Sommerzeit ist der Cocktail to go: Alle Mix-Getränke können auch im Becher bestellt und mitgenommen werden, zum Beispiel zum nahe gelegenen Mainufer. Cremig-zart, fruchtig-süß, schön stark, der klassische Martini – gerührt, nicht geschüttelt –, die Geschmacksexplosion frisch gepresster Säfte, gekonnt zu alkoholfreien Drinks gemixt, die neueste Eigenkreation vom Chef, spritzig mit Champagner aufgegossen … Was den Gaumen so sehr erfreut, das macht auch glücklich.

· ·

Bar Oppenheimer, Oppenheimer Straße 41, 60594 Frankfurt am Main
www.bar-oppenheimer.de
ÖPNV: Bus 30 und 36, Haltestelle Elisabethenstraße; Tram 15, 16 und 19,
Haltestelle Schweizer Platz

Hochkultur auf der Taunushöhe

61 Opera Classica Europa in Espenschied

Hoch oben und mitten im Naturpark Rheingau-Taunus liegt der kleine Luftkurort Espenschied. Südhanglage und milde Südweststörme bescheren dem auf 450 Meter Höhe gelegenen Ort viele Sonnenstunden und ein gesundes Klima. Bis ihn die Wanderer vor einigen Jahren wegen des beliebten Premiumwanderwegs Wispertalsteig für sich entdeckten, lebten seine Bewohner jahrhundertelang recht abgeschieden und sehr bescheiden vom Schieferbergbau und der Land- und Forstwirtschaft. Kontakt zu den Nachbargemeinden unten am Rhein gab es wenig, die durch den Weinanbau zu Wohlstand gekommenen Rheingauer hatten mit den armen Menschen im Hinterlandswald nichts zu schaffen. Für Kurzweil mussten diese also selbst sorgen, und so kamen die Espenschieder zum Gesang. Fünf Chöre gibt es in dem 350 Einwohner zählenden Örtchen heute, weswegen man es auch gern das singende Dorf nennt. Bevor jedoch die Hochkultur in Form einer Opernakademie in Espenschied Einzug hielt und seither nicht nur junge Opernsänger aus der ganzen Welt für jede Menge Abwechslung sorgen, sondern der Gemeinde alljährlich im Sommer auch eine hochkarätig besetzte Operninszenierung mitten auf dem kleinen Dorfplatz spendieren, musste noch viel Wasser plätschernd die Wisper hinabfließen. Was man auf ausgedehnten Wanderungen ganz wunderbar erleben kann. Auch im nahe gelegenen Herzbachtal, Werkerbachtal und Ernstbachtal erwartet den Wanderer Entspannung in wildromantischer Natur. Doch wie wurde aus Espenschied ein Operndorf? Das hat die Gemeinde dem Regisseur und Opernsänger Michael Vaccaro zu verdanken, der das leer stehende Hotel Talblick kaufte und die Opera Classica Europa eröffnete. Diese hat sich mit Opernproduktionen an historischen Spielorten einen Namen gemacht und fördert außerdem den Nachwuchs. So kommt es, dass in den Sommermonaten junge Gesangsstudenten aus aller Welt in Espenschied leben und proben. Höhepunkt ist ein Open-Air-Konzert, das die Profisänger gemeinsam mit den Espenschieder Chören aufführen – ein echter Publikumserfolg.

···

 ▶ Opera Classica Europa, Eichenweg 18, 65391 Lorch-Espenschied, Tel. (0 61 24) 7 26 99 99
www.operaclassica.de
 ▶ ÖPNV: RB 10, Haltestelle Lorch-Bahnhof; Bus 191 (mit Voranmeldung)

Großes Herz, helfende Hand

62 *Das Tierheim Darmstadt*

„Geben ist seliger denn nehmen", heißt es schon bei Apostel Paulus in der Bibel. Passend dazu haben Wissenschaftler herausgefunden, dass beim Schenken genauso viele Glückshormone ausgeschüttet werden wie beim Beschenktwerden. Im Tierheim in Darmstadt warten viele ganz besonders liebenswerte Tiere darauf, dass Besucher ihnen Zeit und Aufmerksamkeit schenken. Nämlich die Tiere, die hier zwischengelagert sind, abgegebene Tiere, die kein Zuhause mehr haben und nun darauf hoffen, dass sie schon bald eine neue Heimat finden. In der Zwischenzeit brauchen sie neben der tagtäglichen aufmerksamen Grundversorgung, die die Tierpfleger hier unermüdlich leisten, auch menschliche Wärme und Zuspruch. Die Hunde freuen sich über tierliebe Menschen, die Lust haben mit Ihnen schöne Spaziergänge zu unternehmen, die Katzen im Katzenhaus freuen sich über Spielgefährten, die Häschen und Meerschweinchen genießen Streicheleinheiten.

Am 11. Juli 1957 wurde das Tierheim an seinem heutigen Standort eingeweiht, und seit 1991 sind die Gebäude Stück für Stück modernisiert worden. Eine eigene Tierheimpraxis, ein geräumiges Katzenhaus für rund 120 Katzen mit Gemeinschaftszimmern und Freigehege sowie ein neues Hundehaus für 40 Hunde wurden gebaut. Gerade mit dem Hundehaus verfolgt das Tierheim ganz neue Wege. Es gibt keine Zwinger mehr, sondern gemütliche Zimmer, ausgestattet mit erhöhten Liegepritschen, Fenstern und kleinen Heizkörpern.

Der Außenbereich ist ansprechend mit vielen Pflanzen und Sitzmöglichkeiten gestaltet, sodass das Tierheim in den letzten Jahren zudem zu einem Begegnungsort für tierliebe Menschen geworden ist. Menschen, die in ihrer Freizeit etwas Sinnvolles erleben wollen, die gemeinsam das Leid der Tiere lindern wollen. Dazu gehört auch die Organisation von den monatlichen Tagen der offenen Tür mit attraktiven Events und kulinarischen Köstlichkeiten, um Spendengelder für die Tiere zu sammeln. Und um neue ehrenamtliche Mitglieder zu gewinnen, die Lust haben ihre freie Zeit an diesem Glücksort zu verbringen.

Tierheim Darmstadt, Am alten Griesheimer Weg 199, 64293 Darmstadt, Tel. (0 61 51) 89 14 70
www.tsv-darmstadt.de
ÖPNV: Tram 9, Haltestelle Otto-Hesse-Straße

Berlin-Feeling in Mainz

63 *Im Café Annabatterie am Gartenfeldplatz*

Blaubeer-Mohn-Cupcakes mit Lavendelcreme. Mehr geht nicht, oder? Saftige Beeren und duftend cremiges Lavendel-Topping, opulent verziert mit Baiser und Blüten. Sommerlich und sehr modern, den würzigen Geschmack Südfrankreichs gibt's gratis obendrauf. Mehr geht nun wirklich nicht? Doch! Zimtschnecken, Scones und Bananenbrot. Das Granola erst mariniert und dann langsam geröstet. „Mit viel Leidenschaft für unser Handwerk versuchen wir jeden Bissen nach einer Portion Glück und einem sonnigen Sommerfeld schmecken zu lassen." Wenn das kein Versprechen ist, das Gesa da auf ihrer Homepage gibt!

Die Architektin hat sich nach ihrem Studium den Traum vom eigenen Café erfüllt, das sie seit 2010 am Gartenfeldplatz betreibt. Inzwischen ist sie Konditor-Meisterin und kann jetzt noch schönere Kuchen backen. Sie steht für eine ganze Generation junger Unternehmer, wie sie überall in den europäischen Großstädten zu finden sind. Sie sind jung und tatkräftig, machen eventuell fehlendes Kapital durch Einsatz und Kreativität wett. Sie beobachten, setzen Trends und betreiben ihre Cafés, Bars und Restaurants in Lagen, in denen die Flächen noch günstig zu mieten sind, weil (bislang) kein Hahn danach kräht.

Ob Tonkabohne oder Zitrone-Basilikum: Das beste und ausgefallenste Eis gibt es im N'Eis – ebenfalls am Gartenfeldplatz.

So geht es auch den Mietern der umliegenden Wohnungen, *et voilà:* Ein neuer Szene-Kiez ist geboren, ob Schillerkiez in Berlin-Neukölln oder der Gartenfeldplatz in der Mainzer Neustadt.

Der Reiz des Provisorischen, wie er etwa im selbst zusammengezimmerten Interieur zum Ausdruck kommt, hält meist nicht lange. Läden und Nachbarschaften etablieren sich, werden erwachsen. Das ist dann auch schön. Noch kann es aber passieren, dass selbst Einheimische, nach dem Weg gefragt, erwidern: „Gartenfeld*was*? Sicherlich irgendwo in der Neustadt, oder?" Genau. Von der Theodor-Heuss-Brücke aus Wiesbaden kommend am Ufer statt nach rechts Richtung Altstadt einfach links am Rhein entlang: Da beginnt die Mainzer Neustadt.

○ Annabatterie, Gartenfeldplatz 2, 55118 Mainz
www.annabatterie.de
○ ÖPNV: Haltestelle Neubrunnenstraße

Zu Gast bei Fürsten

64 *Die Keltenwelt in Glauburg*

Wenn Natur auf Kultur trifft und dann auch noch auf eine beeindruckende, preisgekrönte Museumsarchitektur – dann ist das unbedingt einen Ausflug wert. Im 1. Jahrtausend v. Chr. war Europa fest in der Hand der Kelten. Von den britischen Inseln bis in die Hochebenen des heutigen Anatolien haben sie ihre Spuren hinterlassen, so auch auf dem hessischen Glauberg. Im Park des Museum Keltenwelt am Glauberg befinden sich ein rekonstruierter Grabhügel und mysteriöse Ringwallanlagen aus frühkeltischer Zeit. Die einst befestigte Höhensiedlung macht den Glauberg zu einer kulturhistorischen Besonderheit von internationaler Bedeutung, er bildet das Zentrum der Erforschung keltischer Besiedlung in Hessen. Bei Ausgrabungen kommen hier immer wieder spektakuläre Funde zutage, und Mitte der Neunziger legten Archäologen sogar drei Fürstengräber frei. Sie förderten eine mannshohe, fast unversehrte Figur aus Sandstein zutage, die fast 2500 Jahre unentdeckt im Boden gelegen hatten. Der Mann hatte eine Blattkrone auf dem Kopf, war mit einem Schwert bewaffnet und durch Schild und Panzer geschützt – somit war

TIPP *Erwandern Sie das Glauberg-Plateau und belohnen Sie sich mit einem grandiosen Ausblick bis nach Frankfurt!*

klar: Hier lag ein Fürst begraben. Seit 2011 hat dieser Keltenfürst nun eine neue Burg. Und die ist nicht nur einer der spektakulärsten Museumsbauten Deutschlands, sondern zugleich ein Bekenntnis zu moderner Architektur. Der beeindruckende Bau gewann 2011 den hessischen Architekturpreis. Der streng geometrische Baukörper steht in einem gelungenen Gegensatz zur hügeligen Landschaft und fügt sich dennoch harmonisch in sie ein. Halb im Hang verborgen, ist das Gebäude zum Keltenhügel hin ausgerichtet. Architektonischer Höhepunkt ist das große Panoramafenster, das den Blick auf den nahe gelegenen Grabhügel freigibt, das eigentliche Ausstellungsstück. So wird das Museum zum Fernrohr in die Vergangenheit. Lassen Sie sich von diesem jahrtausendealten Kult-Ort verzaubern.

▶ Museum Keltenwelt am Glauberg, Am Glauberg 1, 63695 Glauburg, Tel. (0 60 41) 82 33 00
www.keltenwelt-glauberg.de
▶ ÖPNV: Haltestelle Glauburg-Glauberg (50 Minuten Fußweg)

Spuren im Schnee

65 *Romantische Sage in der Kaiserpfalz in Ingelheim*

Die Romantik gehört zum Rhein, wie Sagen aus uralter Zeit zur romantischen Dichtung gehören. Die Sammlungen alter Legenden und erfundener Geschichten sind bei Ausflügen in die Region gute Begleiter. So werden etwa die Mauern der Ingelheimer Kaiserpfalz zum Schauplatz der Legende von Eginhard und Emma, wie sie 1896 Wilhelm Ruland in seinem *Rheinischen Sagenbuch* nacherzählt hat. „Zu Ingelheim", heißt es dort, „erhob sich ein stolzer Marmorpalast." In jene „weltferne, glückatmende Einsamkeit" zog sich Karl der Große gerne zurück, begleitet von „treuesten Vasallen und den Mitgliedern seiner Familie". Mit dabei: Eginhard, des Kaisers Sekretär, und seine Tochter Emma. Eginhard war wegen seines „ernsten Jünglingsantlitzes", das sich offenbar erfrischend „aus der Schar der wetterfesten Kriegsmannen abhob", bei den Frauen des Hofes beliebt. Er verliebte sich in Emma, aus deren Augen „dunkel wie der Fittich der Raben das heiße Empfinden ihrer italienischen Mutter glühte". Nun besaß Eginhard zwar „ein zärtliches Herz, doch rein wie Sternenlicht war die Flamme seiner Liebe". Es wäre wohl für immer beim Schwärmen geblieben, hätte es nicht eines Morgens geschneit. Als Eginhard nach einer nächtlichen Lesestunde die Gemächer der Angebeteten verlassen wollte, war der Innenhof mit Schnee bedeckt, es war unmöglich, den Hof zu überqueren, ohne Spuren zu hinterlassen. Da schulterte Emma kurzerhand den schmächtigen Gelehrten und trug ihn über den verschneiten Hof. Wie es der Zufall wollte, war Karl zu dieser frühen Stunde bereits wach, schaute im falschen Moment aus dem Fenster und traute seinen Augen nicht. Dass das nächtliche Stelldichein allein der sittsamen Gelehrigkeit gewidmet war, war dem mächtigen Herrscher schwer zu vermitteln, und so folgten Rat, Urteil, Ehe („weil ihr euch liebt, will ich euch nicht trennen") und Verbannung. Es vergingen viele Jahre, bis Karl die beiden wiedertraf und ihnen am Ende tränenreich verzieh.

TIPP Lernen Sie noch mehr Geschichten auf dem 586 Kilometer langen Rheinischen Sagenweg kennen!

Besucherzentrum und Museum Kaiserpfalz, Francois-Lachenal-Platz 5, 55218 Ingelheim am Rhein
Tel. (0 61 32) 71 47 01, www.kaiserpfalz-ingelheim.de
ÖPNV: Haltestelle Ingelheim (Rhein) Bahnhof

Grie Soß macht gute Laune

66 *Der Kaisermarkt in Frankfurt*

Jeder Neuankömmling in Frankfurt betritt zuerst die Kaiserstraße. Dort wurde 1999 der Kaisermarkt gegründet. Seine Markttage sind Dienstag und Donnerstag, an denen jeder, der über den Bahnhof die Stadt betritt oder verlässt, kaum an den vielseitigen Leckereien vorbeigehen kann. Der Spezialitätenmarkt bietet hauptsächlich regionale Produkte an und hat mindestens drei Selbsterzeuger, die Fleischwaren, Backwaren, Käse, Obst und Gemüse verkaufen.

Und mitten in diesem bunten Markttreiben steht Gisela Pauls Bombi, ein weißer Transporter, den sie zu einem mittlerweile stadtbekannten Grüne-Soße-Stand umgebaut hat. Hier bringt das echte Frankfurter Mädsche zusammen mit ihrer Mitarbeiterin das typische Frankfurter Kräutergericht mit Kartoffeln und Ei unter die Leute. Früher verkaufte sie auf dem Markt Modeschmuck, was zu den ganzen Lebensmitteln aber nicht so recht passte; nachdem sie ein wenig herumprobiert hatte, landete sie schließlich bei der Frankfurter Spezialität. Wer in den Innenraum von Bombi schaut, dem fallen die vielen Fotos an der Innentür auf: Es sind Bilder von Straßenfesten, die sie zum Teil selbst mitorganisiert hat. Ihr Wunsch ist es, die Menschen dieser schönen Stadt zusammenzubringen. Sie träumt von einem riesigen Straßenfest über die ganze Kaiserstraße, wo dann alle Frankfurter gemeinsam feiern. Denn sie liebt ihre Heimatstadt, trotz der hässlichen Seite, die sie im Bahnhofsviertel immer wieder hautnah miterlebt. „Morgens, wenn alles noch leer ist und die Straßen gereinigt sind, ist Frankfurt eine schläfrige Lady", sagt Gisela, „eine Diva, die die Augen hebt." Besser kann man es kaum ausdrücken.

Zum Glück bringen nicht nur Feste eine Stadt zusammen, sondern auch die Liebe zu einem richtig typischen Gericht. Und in Frankfurt ist das eindeutig die Grüne Soße. Das Rezept dazu hat Gisela Paul auf ihrer Homepage veröffentlicht, denn sie wäre nicht Gisela, wenn sie sich nicht wünschen würde, dass die Menschen überall eine gute Frankfurter Grüne Soße mit Kartoffeln und Ei genießen können.

● Kaisermarkt Frankfurt, Kaiserstraße 81, 60329 Frankfurt am Main, Tel. (0 64 76) 91 58 55
www.gruene-sosse-on-tour.de
● ÖPNV: Haltestelle Frankfurt Hauptbahnhof

Wenn die Glocken läuten

67 *Das Carillon der Wiesbadener Marktkirche*

Schön ist das Ensemble historischer Bauwerke rund um den Wiesbadner Schlossplatz mit dem ehemaligen Stadtschloss der Nassauischen Herzöge, dem Alten Rathaus, dem Neuen Rathaus und der Marktkirche. Beeindruckende 98 Meter hoch erhebt sich der rote Ziegelsteinturm der im neogotischen Stil gebauten evangelischen Hauptkirche in den Wiesbadener Himmel. Seit 1862 prägt das nach dem Vorbild der Friedrichswer'schen Kirche von Karl Friedrich Schinkel gebaute Gotteshaus das Stadtbild. Und seit 1986 erklingen täglich die Glocken des Carillon. Ein Carillon ist nicht einfach ein Glockenspiel, sondern ein vollchromatisches Instrument, das nur von der Hand eigens dafür ausgebildeter Carillonneure zum Klingen gebracht werden kann. Lediglich rund 20 dieser Instrumente gibt es in Deutschland, und nur eine Handvoll Menschen können sie bedienen.

An 6 Tagen in der Woche ertönt das Spiel automatisiert, immer samstags aber erklingt auf dem Wiesbadner Schlossplatz um Punkt 12 Uhr live ein handgespieltes Glockenkonzert. Live? Von Hand? Das muss man sich erst einmal vergegenwärtigen: 49 Bronzeglocken, die größte über 2 Tonnen schwer, in etwa 65 Meter Höhe im Kirchturm aufgehängt, sind durch Drahtzüge mit der Klaviatur eines Spieltischs verbunden, der in unmittelbarer Nähe der Glocken steht. Über 290 Treppenstufen erreichen die Kirchenmusiker der Marktkirche ihren Arbeitsplatz und können nun mittels je einer Hebel- und einer Pedalklaviatur das tonnenschwere Instrument durch eigene Kraft zum Erklingen bringen. Am schönsten hört man das Glockenspiel auf dem Vorplatz der Marktkirche in einiger Entfernung zum Turm. Aber auch im Kurpark und auf dem Marktplatz vor dem Rathaus – überall dort, wo man zwei Seiten des Hauptturmes sehen kann und dadurch das Instrument „räumlich" hört – lohnt es sich, die Ohren zu spitzen.

TIPP Seit über 40 Jahren verwandeln sich jedes Jahr im August der Schlossplatz, der Marktplatz und das Dern'sche Gelände in ein riesiges Weindorf.

Evangelische Marktkirchengemeinde Wiesbaden, Schlossplatz 4, 65183 Wiesbaden
www.marktkirche-wiesbaden.de
ÖPNV: Bus 1, Haltestelle Kurhaus/Theater

Eine luftige Fahrt

68 *Die Seilbahn in Assmannshausen*

Der Mittelrhein ist ein 130 Kilometer langer Flussabschnitt und von jeher einer der wichtigsten Verkehrswege zwischen Nord- und Süddeutschland. Charakteristisch für seine Kulturlandschaft sind die vielen Höhenburgen, die Weinberge und die verwinkelten alten Städte und Dörfer auf dem schmalen Ufersaum. Seine natürliche Schönheit ließ das Mittelrheintal im 19. Jahrhundert zum Touristenziel und zum Inbegriff der Rheinromantik werden. Der südliche Teil des Mittelrheins von Bingen und Rüdesheim bis Koblenz ist mit seinen vielen Burgen besonders faszinierend. Kein Wunder also, dass dieser Flussabschnitt 2002 zum UNESCO-Welterbe erklärt wurde.

Assmannshausen ist eine kleine Rotweingemeinde am Rhein, ein Stadtteil von Rüdesheim. Dort gibt es eine sehr schöne Seilbahn, mit der man 230 Höhenmeter überwinden kann. Sie war die erste Seilbahn in Hessen und im gesamten Mittelrheingebiet, und bis heute ist sie die romantischste. Die Talstation befindet sich am Standort des früheren Zahnradbahn-Bahnhofs, die Bergstation liegt etwa 100 Meter westlich des Jagdschlosses Niederwald. Die Fahrt führt zunächst entlang der Wohnhäuser am Hang und bietet einen ungewohnten Blick von oben auf die Menschen in den Gärten und auf ihren Terrassen, später dann geht es über wunderschöne Wälder. Die Aussicht auf den Mittelrhein ist gigantisch und verändert sich in jeder Sekunde der Fahrt aufs Neue.

Oben angekommen, kann man im Jagdschloss Niederwald einkehren oder aber ganz gemütlich bis zum Niederwalddenkmal spazieren, vorbei an der Zauberhöhle, der Ruine Rossel und vielen herrlichen Ausblicken auf das Rheintal. Fast schon erschreckend ist dann die Begegnung mit der gewaltigen Statue der Germania. Sie wurde als Andenken an den Deutsch-Französischen Krieg und das danach entstandene deutsche Kaiserreich errichtet. Bei der Grundsteinlegung am 16. September 1877 wie auch bei der Einweihung am 28. September 1883 war Kaiser Wilhelm I. persönlich anwesend. Von dort aus fährt dann eine Seilbahn auch wieder nach unten.

....

Niederwald-Seilbahn GmbH, Niederwaldstraße 34, 65385 Rüdesheim am Rhein (Ende März bis Anfang November), Tel. (0 67 22) 27 65, www.seilbahn-assmannshausen.de
ÖPNV: Haltestelle Assmannshausen Bahnhof

Aussichten unter der Linde

69 *Spaziergang zur Wiesbadener Bierstädter Warte*

Manche Orte unserer Kindheit klingen ein Leben lang nach. Man sucht sie immer wieder auf, sucht nach verblassten Erinnerungen, spaziert durch längst vergessene Gefühle und lauscht dem Echo glücklicher Kindertage. Tage, die nach Brombeeren rochen und für die Vögel und Grillen den Soundtrack lieferten. An denen uns die Sonne den schier endlosen Sommer auf die Haut malte und ganze Nachmittage hinter meterhohen Maispflanzen und ungemähten Wiesen verschwanden. Ein solcher Erinnerungsort in Wiesbaden sind seit vielen Generationen das Feld und der kleine Kastanienhain am Wartturm oben auf der Bierstädter Höhe. Schon der kleine Spaziergang hinauf lohnt sich, egal aus welcher Richtung man kommt. Der ca. 10 Meter hohe mittelalterliche Turm ist zugleich das Wahrzeichen von Bierstadt.

Errichten ließ den Wartturm der nassauische Graf Johann II. im Jahre 1473, weil man von hier aus die Gegend um Mainz herum gut im Auge behalten konnte. (Die Nassauer lagen gerade mal wieder im Clinch mit dem Mainzer Domkapitel.) Jetzt wird auch klar, warum sich ein Ausflug zum Wartturm auch für alle lohnt, die ihre Kindheit nicht auf der roten Schaukel verbracht haben, die einst auf dem heute noch existierenden Spielplatz stand. Sie werden es längst erraten haben: Es ist die Aussicht. Die ist nämlich von hier oben geradezu spektakulär. Folgt man dem Feldweg, in den die Sonnenstraße übergeht, ein kleines Stück, kommt man an den noch immer recht zierlichen Nachfolger der großen Linde, der Ende der 1980er-Jahre ein Sturm den Garaus machte. Und da liegt sie dann, die Stadt, in ihrer ganzen Pracht. An klaren Tagen (von denen es im Rheinbecken zugegebenermaßen nicht allzu viele gibt) kann man tatsächlich bis hinüber nach Mainz schauen. Genießen Sie unter dem Lindenbaum einen der schönsten Ausblicke der Region, am besten ausgestattet mit einem gut gefüllten Picknickkorb und einem lieben Menschen an der Seite. Man kann hier aber auch alleine ganz wunderbar den eigenen Erinnerungen nachhängen – ob die sich nun hier abspielten oder ganz woanders.

* * * * * * * * * * * * * * *

○ **Am Wartturm, 65191 Wiesbaden**
○ **ÖPNV: Haltestelle Wartestraße**

Kunst und Künstler

70 *In der Galerie Mainzer Kunst!*

Schon Picasso erkannte äußerst scharfsinnig: „Kunst wäscht den Staub des Alltags von der Seele." Wie wahr! Um unseren heutigen Alltag mit seinen vielen Anforderungen zu bewältigen, brauchen wir Struktur, Organisation und ein präzises Zeitmanagement. Wir müssen einfach funktionieren. Die Kunst vermag mit diesem Korsett zu brechen und hilft uns, nicht im Alltagstrott zu ersticken. Insofern ist jeder Museumsbesuch ein großes Abenteuer und kann uns helfen, das eigene Tun und Vorhaben zu reflektieren. Kunst kann Brüche sichtbar und nutzbar machen und uns so neue Blickwinkel und Perspektiven eröffnen.

Die Galerie Mainzer Kunst! ist ein ganz besonderer Ort, um Kunst zu erleben und in die Welt der Malerei, Skulptur, Fotokunst, Objektkunst und Druckgrafik einzutauchen, aber auch, um anderen Kunstinteressierten und Künstlern zu begegnen. Der Galerist Rolf Weber-Schmidt kommt ursprünglich aus der freien Wirtschaft und hat mit dieser Galerie im Jahr 2006 seinen Traum verwirklicht, regionale Kunst zu fördern, zu vermitteln, wertzuschätzen und einen lebendigen Ort zu schaffen, der all dies vermag und dabei zugleich eine Stätte der Begegnung und des Dialogs ist.

Seit mehr als einem Jahrzehnt präsentiert der unglaublich charmante Galerist nun Einzel- und Gruppenausstellungen in seiner kleinen Galerie inmitten der Mainzer Altstadt. Das Ambiente ist modern, mit Maisonette-Charakter, großen Fensterfronten und einer mediterranen Terrasse. Bei den Vernissagen stehen die Besucher oftmals in langen Schlangen vorne bis auf die Straße hinaus und hinten im Innenhof, doch erstaunlicherweise stört das niemanden. Es gibt immer gute Musik, Sekt und jede Menge sympathischer Menschen, mit denen man sofort ins Gespräch kommt. Und irgendwann bahnt man sich dann auch den Weg hinein in die heiligen Hallen und kann die Kunst erleben und vielleicht sogar ein Kunstwerk für das eigene Zuhause erwerben – wer weiß? Die Kunstwerke sind meist erschwinglich, und so ein Original kann schon sehr beglücken.

○ Mainzer Kunst!, Inh. Rolf K. Weber-Schmidt, Weihergarten 11, 55116 Mainz
Tel. (0 61 31) 9 72 08 40, www.mainzerkunst.de
○ ÖPNV: S8, Haltestelle Römisches Theater; Bus 64, 65, 70, 71 und 92, Haltestelle Pfaffengasse

Von Anis bis Zimt

71 *Aromagenüsse bei Gewürz Müller in Wiesbaden*

Sie kennen Amchoor nicht? Dieses Mangopulver stammt aus der indischen Küche und wird aus herben, unreifen Mangos hergestellt, die zerschnitten, an der Sonne getrocknet und danach zu Pulver zermahlen werden. Es verleiht Gemüse, aber auch Brot und Gebäck einen erfrischend säuerlichen Geschmack, der an Limonen oder Zitronen erinnert. Aus der kleinen Stadt Maldon an der englischen Nordseeküste wiederum kommt eines der besten und klarsten Kristallsalze der Welt. Seit über 100 Jahren wird es von der Maldon Crystal Salt Company, einem Familienbetrieb, bei Springflut aus Meerwasser mittlerer Tiefen durch Sieden und Abschöpfen gewonnen. Oder den indischen Telli-Cherri, eine der besten Pfeffersorten der Welt. Sie wird auch Spätlesepfeffer genannt, weil die Beeren erst kurz vor dem Reifeprozess, von grün nach rot, von Hand gepflückt und an der Sonne getrocknet werden. Die Körner dieses Pfeffers sind deutlich größer, das Aroma warm, intensiv, die Schärfe prägnant.

Es ist die faszinierende Welt der Gewürze mit all ihren Düften und Farben, in die man eintaucht, wenn man den Laden der Familie Müller in der Wiesbadener Mühlgasse betritt – eine Welt mit tausend Geschichten aus aller Herren Länder. Bereits in der dritten Generation vertreiben die Müllers hier Gewürze (seit 1954 gibt es außerdem einen Ableger in der Frankfurter Kleinmarkthalle). Frisch, getrocknet, gemahlen oder gerebelt, aus Blättern, Wurzeln, Samen und Blüten. Dazu gibt es selbst kreierte Gewürzmischungen, Reismischungen, Tee, Kaffee und allerlei Süßigkeiten wie kandierten Fenchel, Veilchenblüten, Schokolade.

Seit Jahrtausenden bringen Gewürze, ihr Geruch, ihr Geschmack, den Duft der weiten Welt zu uns nach Hause. Was wären die *Erzählungen aus 1001 Nacht* ohne Kardamom, Koriander und Muskat? Was wäre die Weihnachtszeit ohne Gebäck mit Zimt und Gewürznelken? Für die Araber waren Gewürze der Duft des Paradieses. Und da dem so ist, kann man bei Gewürz Müller, wie der Laden in Wiesbaden von jeher genannt wird, schon mal eine kleine Schnupperprobe nehmen.

● Karl Müller & Co. Gewürzmanufaktur, Mühlgasse 9, 65183 Wiesbaden, Tel. (06 11) 30 07 1
www.shop.gewuerz-mueller.de
● ÖPNV: Bus 1 und 8, Haltestelle Webergasse

König Fußball regiert

72 *Frankfurt, Mainz oder Darmstadt – im Stadion*

Fußball ist schon lange nicht mehr nur etwas für echte Fans. Mittlerweile ist es schon fast Kult, ab und zu ein Fußballspiel zu besuchen. Vor allem zieht es immer mehr Frauen in die Fußballstadien. Im Rhein-Main-Gebiet fällt die Entscheidung gar nicht so leicht, denn hier gibt es gleich drei Vereine, die sich immer mal wieder in der ersten Liga tummeln: Frankfurt, Mainz und Darmstadt. Die Frankfurter sind ohne Frage der große Traditionsverein mit dem legendären Adler. Die Mainzer haben eine eigene Band und singen am schönsten, und nur dort hat man neben Bier und Bratwurstbrötchen auch Weinschorle und Spundekäs im Angebot. Und Darmstadt hat in den letzten Jahren bewiesen, dass die Kraft der Hoffnung und ein eiserner Wille Berge versetzen können.

Gerade für nicht so fanatische Fußballfans ist der erste Stadionbesuch ein unvergessliches Ereignis. Das „erste Mal" kann ein großartiges Spiel sein oder auch eine frustrierende Erfahrung, weil die Mannschaft, die man unterstützen möchte, sich nicht gerade bewährt. Doch egal: Es geht einzig und allein darum, die besondere Atmosphäre und Stimmung im Stadion zu erleben. Sich einfangen und fesseln zu lassen von den Fans, die die Tore und Gegentore, die Angriffe und Verteidigungsaktionen wie am eigenen Leibe erleben und in ihren Reaktionen spiegeln. Und bitte lassen Sie sich richtig gehen – brüllen Sie laut mit, springen Sie vom Stuhl auf, und erlauben Sie sich in diesem geschützten Ambiente auch mal, laut zu fluchen! Und erleben Sie das Glück, wenn „Ihre" Mannschaft ein Tor schießt.

Eine Alternative zum Besuch eines Bundesliga-Spiels ist eine entspannte Stadionführung. In der Opel Arena in Mainz zum Beispiel kann man dabei einen Blick in die Umkleidekabine der Spieler werfen, im Pressekonferenzraum auf dem Stuhl des Trainers sitzen und den Ausblick aus einer VIP-Loge genießen. Dazu gibt es viele Informationen über die Opel Arena sowie die eine oder andere interessante Geschichte rund um den Erfolgsverein 1. FSV Mainz 05.

● Commerzbank-Arena, Mörfelder Landstraße 362, 60528 Frankfurt am Main
www.commerzbank-arena.de
● Opel Arena, Eugen-Salomon-Straße 1, 55128 Mainz, www.mainz05.de
● Merck-Stadion am Böllenfalltor, Nieder-Ramstädter Straße 170, 64285 Darmstadt, www.sv89.de

Lesestunde im Blauen Salon

73 *Die Villa Clementine in Wiesbaden*

Mitte der 1960er-Jahre war es um die Schöne beinah geschehen. Sie passte einfach nicht mehr hinein in die städtebaulichen Visionen jener Zeit. Dieser ganze wilhelminische Prunk, all das Opulente, Großbürgerliche vertrug sich nicht mit dem modernen Gesamtkonzept, und außerdem stand die Villa auch tatsächlich einfach im Weg. Die Stadtplanung jener Zeit setzte auf Fortschritt, und den sah man in käuferfreundlichen, autogerechten Innenstädten und im Fall von Wiesbaden gar im Bau einer U-Bahn. Als Standort für den U-Bahn-Eingang hatte man die Stelle auserkoren, an der die wahrscheinlich schönste Wiesbadener Villa stand. „Schwein gehabt!", ist man da heute versucht auszurufen, wenn man vor der inzwischen längst denkmalgeschützten Villa steht, die 2008/09 aufwendig saniert wurde.

Das Stadtpalais des Mainzer Fabrikanten Ernst Mayer, der das Haus 1877 für seine Frau Clementine bauen ließ, beherbergt heute das Wiesbadener Literaturhaus. In den hohen Räumen mit den aufwendigen Stuckarbeiten an der Decke treffen seit 2001 preisgekrönte Autoren und talentierte Nachwuchskünstler auf ein engagiertes Publikum. In der Villa an der Wilhelmstraße finden jedes Jahr verschiedene Literaturfestivals und Veranstaltungen statt. Mit einem guten Buch zurückziehen dürfen sich Besucher im Blauen Salon, auch das gehört zum Konzept des Hauses, genau wie eine Büchertauschstelle. Doch ein Besuch der großbürgerlichen Villa ist nicht nur etwas für Literaturbegeisterte: Auch Freunde einer gemütlichen Tasse Kaffee sind im Literaturhauscafé herzlich willkommen. Wer wissen möchte, wie das Großbürgertum des ausgehenden 19. Jahrhunderts wohnte, der ist hier genau richtig. Mit ihrer stilvollen Atmosphäre, den zahlreichen kleineren Salons und Zimmern ist die Villa der ideale Ort, um sich in jene Zeit zurückzuversetzen. Und weil das so gut geht, wählte der Hessische Rundfunk 1978 die Villa zum Drehort für seine Verfilmung von Thomas Manns berühmtem Roman *Die Buddenbrooks,* der ja ebenfalls im 19. Jahrhundert spielt.

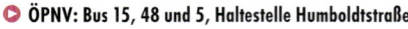

Literaturhaus Villa Clementine, Frankfurter Straße 1, 65189 Wiesbaden, Tel. (06 11) 31 57 45
www.wiesbaden.de/literaturhaus
ÖPNV: Bus 15, 48 und 5, Haltestelle Humboldtstraße

Auf dem Rad durch die Natur

74 *Auf dem Selztalradweg in Rheinhessen*

Fahrradfahren ist Entspannung und Erlebnis zugleich. Eine einzigartige Freizeitbeschäftigung, die es uns ermöglicht, uns zu bewegen, sportlich zu sein und gleichzeitig ganz meditativ unseren Körper zu erleben. Wir atmen, treten im Rhythmus in die Pedale und können dabei die wunderschöne Natur in uns aufsaugen. Das ist befreiend und unglaublich schön!

Die sanften Hügel Rheinhessens bieten sich besonders für all diejenigen an, die keinen Leistungssport betreiben wollen, sondern sich gerne stressfrei bewegen und dabei ganz verschiedene Naturschönheiten, Blickwinkel und kleine Orte erleben wollen. Der Selztalradweg ist ein besonders empfehlenswerter Ausflug mit verschiedenen Besichtigungsmöglichkeiten. Die einfache Strecke umfasst rund 58 Kilometer. Von Ingelheim geht es zunächst auf dem Radweg nach Schwabenheim und Stadecken-Elsheim. Hier beginnt ein Naturschutzgebiet, der Hahnheimer Bruch, der sich längs der Selz erstreckt. Durch Renaturierung ist ein wertvoller Lebensraum für spezialisierte Vogelarten wie Rohrweihe, Wasserralle und Blaukehlchen entstanden, die in dem Gebiet regelmäßig brüten. Auch der Schilfrohrsänger und die Beutelmeise sind als Brutvogel zu beobachten, zudem hat sich in den letzten Jahren eine Graureiher-Kolonie etabliert. Ein wenig hügeliger geht es weiter nach Hahnheim, Friesenheim und Bechtholdsheim, vorbei an den kleinen, schmucken Weinorten von Gau-Odernheim bis Framersheim. Die Tour endet in dem geschichtsträchtigen Städtchen Alzey. Wer mag, kann zum Abschluss noch die Altstadt und die historische Burg besichtigen.

Natürlich gibt es unterwegs viele Möglichkeiten einzukehren, in einem Weingut oder einer Straußwirtschaft den köstlichen rheinhessischen Wein zu probieren oder am Straßenrand in einer Eisdiele ein cremiges Eis zu genießen. Besonders schön ist es, wenn man zwei Tage einplant. Dann kann man unterwegs alles Interessante in Ruhe besichtigen, in Alzey übernachten und am nächsten Tag nach dem Frühstück ganz gemütlich wieder nach Ingelheim zurückradeln.

· ·

▶ Selztalradweg, Informationen bei Rheinhessen-Touristik GmbH, Kreuzhof 1,
55268 Nieder-Olm, Tel. (0 61 36) 9 23 98-0
www.rheinhessen.de

Shopping im Fachwerkambiente

75 *Die Fahrgasse in Dreieichenhain*

Die Altstadt von Dreieichenhain liegt direkt an der Deutschen Fachwerkstraße und gehört zu den bedeutendsten historischen Schätzen der Stadt. Das Herzstück ist die Fahrgasse, Dreieichenhains historische Flaniermeile mit vielen kleinen Lädchen und Cafés. Hier gibt es keine „Ein-Euro-Shops" und auch nicht die üblichen Ketten, sondern stattdessen individuelle Lädchen mit ansprechenden Schaufenstern und schöner Innendekoration. Es ist ein Genuss, gemütlich hier entlangzuspazieren und das Ensemble alter Fachwerkhäuser von Obertor bis Untertor zu erkunden, mit der Burg Hayn als unbestreitbarem mittelalterlichem Höhepunkt. Es lohnt sich auch, in die kleinen Seitenstraßen zu schlendern, zum Beispiel in die Alte Schulgasse. Dort findet man unter der Hausnummer 4 das vielleicht älteste erhaltene Gebäude der Stadt. Ebenso sehenswert ist die evangelische Pfarrkirche in der Fahrgasse 54, die auf den Fundamenten einer gotischen Kirche errichtet wurde.

Am allerschönsten aber ist Dreieichenhain, wenn am 2. und 3. Adventswochenende der Hayner Weihnachtsmarkt seine Pforten öffnet, dann umrahmen die beleuchteten Fachwerkfassaden das Markttreiben in der malerischen Altstadt. An mehr als 100 Ständen warten die Händler auf Besucher und bieten viele schöne Artikel an – Korbwaren, weiche Schaffelle, handgearbeiteten Baumschmuck, Schieferprodukte und wunderschöne Gestecke aus Naturmaterialien.

Über eine Brücke gelangt man von der Altstadt zur Burg Hayn aus dem 11. Jahrhundert. Von dort aus geht es direkt zum Kunsthandwerkermarkt auf dem Museumsplatz. Shopping-Fans finden hier ausgefallene Geschenkideen und schöne Artikel für das eigene Zuhause: von der handgesiedeten Naturseife über exklusives Tongeschirr, Leuchten und Schmuck bis hin zu selbst gestrickten Strümpfen, Schals und Pullovern. Vom Burgturm aus hat man einen einmaligen Blick über die Altstadt und den gesamten Markt. Mit einem Glas Holunderpunsch und einer Tüte Mandeln in der Hand sind bei diesem Ausblick romantische Glücksgefühle garantiert.

● Fahrgasse, 63303 Dreieich, Weihnachtsmarkt: www.hayner-weihnacht.de
● ÖPNV: Bus OF-99, Haltestelle Dreieich-Dreieichenhain Burg Hayn

Zwischen Wald und Wiesen

76 Der Wispertalsteig

„Du fährst und fährst. Durch Lorch hindurch ins Wispertal. Der Wald öffnet und verschluckt dich mit aller Macht. (…) Nebel steigt auf, die Bäume dampfen, die Straßen aufgeplatzt und zugenäht. Du ruckelst vorbei an Forellenzucht und alter Kaffeehausvilla. Immer tiefer dringst du ein ins vergessene Tal, (…) der Wisperwind schiebt kalte Luft ins Tal, Ruinen verstecken sich." Derart wortgewandt schrieb Burgenblogger Timo Stein jüngst über seine Eindrücke im Wispertal. Burgenblogger? Die kennen Sie noch nicht? Seit 2015 beherbergt das Land Rheinland-Pfalz zwischen Mai und Oktober auf der Burg Sooneck einen jungen Blogger, der äußerst lesenswert über die Region berichtet. Eine Wanderung im Wispertal, einem Seitenal des Rheins, führt mitten hinein in unberührte Natur. Abgelegen, geradezu verwunschen ist die Landschaft, steil und dicht bewaldet. Auf einer Länge von ca. 30 Kilometern schlängelt sich die Wisper durch das Rheinische Schiefergebirge. Begleitet nur vom Zwitschern der Vögel, dem Plätschern des Bachs und überrascht vielleicht von der einen oder anderen Begegnung mit einem Reh, kann man gar nicht anders, als ins Schwärmen zu geraten.

In Espenschied beginnt der 15 Kilometer lange Wispertalsteig, ein vom Deutschen Wanderinstitut als Premiumwanderweg ausgewiesener Rundwanderweg durch ein Seitental der Wisper. Ganz recht: ein Seitental des Seitentals! Und so ist es dann auch. Markiert ist der Weg durch ein blau-weißes Wanderzeichen mit einer an den Flusslauf erinnernden geschwungenen Linie. Alte Buchenwälder, Eichen, Flechten und Moose, seltene Pflanzen, Wildtiere. In den weitläufigen unzerschnittenen und stillen Wäldern fühlen sich neben Wildschweinen und Hirschen auch Wildkatzen und Fledermäuse wohl. Den Wisperwind hat übrigens schon 1844 Ferdinand Freiligrath besungen: „Der Wisperwind, der Wisperwind, den kennt bis Östrich jedes Kind / Des morgens früh von vier bis zehn, da spürt man allermeist sein Wehn! / Stromauf aus Wald und Wiesengrund / Haucht ihn der Wisper kühler Mund."

○ Espenschied, 65391 Lorch, www.wispertalsteig.de
○ ÖPNV: Bus 275, 211 über Schlangenbad nach Espenschied

Schwelgen in Farbe und Duft

77 Der Rosengarten Eltville

Eltville ist Weinstadt, Sektstadt, Rosenstadt und seit 2006 zudem Guten-
bergstadt. Das macht die auf einer 90 Meter hohen Terrasse über dem
Rhein gelegene Alta Villa zur stolzen Trägerin der meisten Städtetitel
Deutschlands. Doch auch wenn Eltville am Fuße des Rheingaugebirges
zwischen Rüdesheim und Wiesbaden liegt, so ist es doch das auf der anderen Rheinseite gelegene Mainz, mit dem die pittoreske Kleinstadt am
meisten verbindet. Im 14. und 15. Jahrhundert erwählten die Mainzer
Erzbischöfe das sonnige, verträumte Fleckchen nämlich zu ihrer bevor-
zugten Residenz.

Dort, wo weltberühmte Weine wachsen, gedeihen auch Rosen prächtig.
Kleine oder große Blüten, gefüllte oder ungefüllte, duftende oder nicht
duftende, weiß, rosa, pink, rot, orange, gelb oder violett – Rosen sind in
puncto Blütenpracht nicht zu übertrumpfen. Schon Ende des 19. Jahrhunderts gründete Carl Schmitt in Eltville eine Rosenschule. Über eine
halbe Million dorniger Schönheiten wuchsen damals jährlich vor den
Stadtmauern auf großen Rosenfeldern heran und wurden bis an den Za-
renhof nach St. Petersburg verkauft. Nach dem Ersten Weltkrieg war es
mit der Züchtung der Königsblume in Eltville erst einmal vorbei, und es
sollte bis in die 1960er-Jahre dauern, bis die Rosen hier wieder wuchsen.
Heute verwandeln jeden Frühsommer 22.000 Rosenstöcke und über 350
Sorten das Städtchen in ein blühendes Blumenmeer. Zeit für die Eltviller
Rosentage, die jedes Jahr am ersten Juni-Wochenende gefeiert werden.
So vielfältig wie die Rosenpracht in den Gärten der Burg und am Rhein
ist auch das bunte Festprogramm. Man kann Rosenöl kaufen, Rosen-
cocktails, -parfüms und -gelees genießen und sich mit Fachliteratur rund
um die Rose eindecken. Die Altstadt verwandelt sich in einen großen
Markt, Straßenkünstler liefern die musikalische Begleitung. Beliebt sind
auch der große Pflanzenmarkt im historischen Burghof und die passenden
Kunstausstellungen in der Galerie im Burgturm. Stadtgärtner führen
durch die Altstadt und die Rosenanlagen und stellen historische Rosen-
arten und -raritäten vor.

Tourist-Information, Burgstraße 1, 65343 Eltville am Rhein, Tel. (0 61 23) 9 09 80
www.eltville.de
ÖPNV: Haltestelle Eltville Bahnhof

Sommer- und Winterglück

78 *Der Riedsee in Leeheim*

Der Riedsee liegt in idyllischer Umgebung an der Landstraße von Leeheim nach Geinsheim in einem Erholungsgebiet. Dabei würde man hier, umgeben von Ackerland und weitläufigen Feldern, eigentlich nicht gerade einen wunderschönen Sandstrand mit klarem Wasser erwarten. Entstanden ist der Riedsee infolge des Kiesabbaus, und sein Wasser nimmt eine Fläche von immerhin 24 Hektar ein. Die Uferzone im Badebereich ist flach und fällt nur langsam ab – perfekt für kleine Kinder, die sich hier mit Schwimmärmeln sicher fühlen können. Die Badeinseln sind bequem in wenigen Minuten zu erreichen. Die Liegewiesen sind extrem großzügig, und anders als bei vielen Seen in der Rhein-Main-Region gibt es viele große Bäume und somit auch ausreichend Schattenplätze. Der Riedsee hat zudem eine hervorragende Wasserqualität, die regelmäßig überprüft wird. Am Strand und auf der Liegewiese stehen sportlicheren Besuchern Beachvolleyballfelder und Tischtennisplatten zur Verfügung. Es gibt mehrere Spielplätze, und der See darf mit Schlauchbooten befahren werden. Mitten im See gibt es für alle Schwimmer zum Pausieren und Sonnen eine Holzinsel.

Am Wochenende sollte man schon morgens früh an den See fahren, dort erst mal an einer der Buden frühstücken – mit cremigem Milchkaffee, Croissants, Schinken-Ei-Brötchen – und sich dann einen Platz unter den großen Bäumen sichern, um ganz gemütlich den Sommertag zu genießen.

Als ausgewiesenes Naherholungsgebiet bietet der Riedsee natürlich nicht nur im Sommer Entspannungsmöglichkeiten: Auch im Herbst und Winter ist der See für Spaziergänger frei zugänglich. In den letzten Jahren war der See im Winter immer wieder zugefroren, sodass man sogar Schlittschuh laufen konnte.

Direkt am See gibt es einige Parzellen für Dauercamper, und im Sommer besteht auch die Möglichkeit zum Kurzzeitcamping. Das hat den Vorteil, dass man dann auch grillen darf, das ist nämlich den Campern vorbehalten. Und mit etwas Glück erlebt man schöne Sonnenaufgänge.

Riedsee Leeheim, Geinsheimer Straße, 64560 Riedstadt
www.riedsee.de
ÖPNV: Bus 40 und 41, Haltestelle Riedstadt-Leeheim Erfelder Straße

Versteckt und doch ganz nah

79 *Das Weingut Janson Bernhard in Harxheim*

Am Rande des Mainzer Beckens liegt das idyllische kleine Zellertal. Seit ein irischer Mönch um das Jahr 750 herum hier den ersten Rebstock für seinen Messwein in die Erde pflanzte, wachsen im Tal Reben. Die Pfrimm, ein kleiner Nebenfluss des Rheins, der im Nordpfälzer Bergland entspringt und bei Worms in den Rhein mündet, schlängelt sich naturbelassen von Ost nach West. Seine Ufer lassen sich herrlich erwandern, an einigen Stellen führen die Wege durch kleine, verwunschene Auenwälder. Auf halber Höhe führt eine fast vergessene Landstraße durchs Tal. Neun Dörfer reihen sich an die Hänge dieser verträumten Landschaft, die sich auf alle erdenklichen Arten entdecken lässt. Hoch oben und ziemlich in der Mitte des Tals thront die Ortschaft Zell, die dem Tal ihren Namen gab.

Von Zell aus gut zu sehen ist das Örtchen Harxheim, und hier liegt das Weingut Janson Bernhard. Hier gibt es ein verwunschenes Gutshaus, exzellente Bio-Weine, 10.000 Quadratmeter Landschaftspark und eine Winzerin mit viel Herz und vielen Ideen: Christine Bernhard. Ein echter Glücksort. Man betritt den wildromantischen Hof durch ein verwittertes gusseisernes Tor. Die 1898 gebauten Gebäude zeigen dank behutsamer Restaurierung ein in Würde gealtertes Gesicht. An der rechten Hofseite befindet sich das für Veranstaltungen genutzte Kreuzgewölbe, der ehemalige Kuhstall. Wein baut die Familie seit neun Generationen an. Vor 200 Jahren füllte der Urgroßvater als einer der Ersten seine Weine in Flaschen ab, die es bis auf die Hamburg-Amerika-Linie schafften. Heute ist Christine Bernhard stolz darauf, dass ihre Weine und ihr Rieslingsekt bis nach Berlin verkauft werden. Dem Urgroßvater hat das Weingut auch seinen Garten zu verdanken. Er legte Ende des 19. Jahrhunderts der Mode der damaligen Zeit entsprechend auf dem Acker hinterm Haus einen englischen Landschaftsgarten an. Heute wachsen in diesem prächtigen Privatpark exotische Ginkgo- und Mammutbäume, blühen zwischen Libanon-Zedern und Steinlinden und im Staudenbeet die Pfingstrosen.

● Weingut Janson Bernhard, Hauptstraße 5, 67308 Zellertal-Harxheim, Tel. (0 63 55) 17 81
www.jansonbernhard.de
▶ ÖPNV: RB, Haltestelle Monsheim; Bus 921, Haltestelle Harxheim Bahnhofstraße

Hoch oben im Taunuswald

80 *Das Jagdschloss Platte in Wiesbaden*

Schon Wilhelm von Humboldt beschrieb Rheingau und Taunus als „lieblich und anmutig im Frühjahr, voll sprudelnder Heiterkeit im Sommer, streng und farbenprächtig im Herbst". Ein besonders abwechslungsreicher und dichter Wald, weite Wälder und Wiesen finden sich an den Taunushängen oberhalb von Wiesbaden, hoch oben auf der Platte. Dieser Ort mit seinem gigantischen Ausblick auf das Rheintal war schon im 18. Jahrhundert fürstliches Jagdrevier und der bevorzugte Aufenthaltsort der Landesherren. Und noch heute zählt diese wildromantische Waldregion zu den schönsten deutschen Mittelgebirgen.

Früher einmal war das Schloss ein beliebter Schauplatz gesellschaftlichen Lebens; hier residierten Gäste wie Zar Alexander II., Zarin Maria Alexandrowna und Kaiserin Eugenie. Im Zweiten Weltkrieg wurde das Gebäude bei einem Luftangriff bis auf die Außenmauern zerstört. Die einsturzgefährdete Ruine verfiel in den folgenden Jahrzehnten immer mehr. 1987 beschloss die Stiftung Jagdschloss Platte e. V., das Gebäude wieder nutzbar zu machen, und seit 1993 kann es für Hochzeiten, Partys und andere Veranstaltungen genutzt werden. Die Sanierung überzeugt mit einer äußerst gelungenen Kombination von alter Architektur und neuen Elementen; zu Letzteren zählen ein gläsernes Dach und eine moderne Aussichtsplattform.

Besonders schön ist es hinter dem Jagdschloss Platte. Es lohnt sich, auf der Bank dort einen Moment zu verweilen, den Blick über die weite, abfallende Wiesenlandschaft und den gigantischen Wald, der die Szenerie einrahmt, schweifen zu lassen und die unglaublich gute Luft einzuatmen. Vielleicht bevor man sich auf einen kleinen Spaziergang oder eine große Wandertour begibt.

Wer Appetit bekommen hat, kann im gegenüberliegenden Gasthof Jagdschloss Platte auf der Sonnenterrasse bei Kaffee und Kuchen entspannen, für Hungrige und Genießer bietet der Gasthof aber auch traditionelle deutsche Küche mit französischem Einfluss und setzt auf Produkte aus der Region.

◉ Gasthof Jagdschloss Platte, Platte 1, 65195 Wiesbaden, Tel. (06 11) 53 24 97 00
www.gasthof-jagdschloss
◉ ÖPNV: Bus 270 und 271, Haltestelle Wiesbaden Platte

Bibliografische Informationen der Deutschen Nationalbibliothek
Die Deutsche Nationalbibliothek verzeichnet diese Publikation in der Deutschen Nationalbibliografie;
detaillierte bibliografische Daten sind im Internet über http://dnb.d-nb.de abrufbar.

© 2018 Droste Verlag GmbH, Düsseldorf
2. Auflage 2019
Konzeption/Satz: Droste Verlag, Düsseldorf
Einbandgestaltung und Illustrationen: Britta Rungwerth, Düsseldorf unter Verwendung von Bildern von
© Fotolia.com: jd – photodesign.de; © iStock: Plociennik Robert
Fotos: Christine Bernhard: S. 165; Bildagentur Zoonar GmbH: S. 159; Barbara Staubach: S. 49; Reinhard Cuny:
S. 47; Susanne Dereser: S. 19, 95, 163; Bernd Fickert: S. 111; Fotolia: S. 131 (Der Knipser), 143 (conserver);
Christine Göttert: S. 17, 21, 25, 41, 45, 57; Thomas Göttert: S. 35, 85, 145, 153; Günderodehaus: S. 83; Wiltrud Heine:
S. 27; Robin Höhne: S. 157; Sven Hoffmann/Kuffer: S. 81; Hope City: S. 43; Intention Werbeagentur GmbH: S. 155;
Lindsey Janich: S. 131; KD_RMS_Goethe_Burg_1_KD Deutsche Rheinschiffahrt AG: S. 61; Klassikstadt: S. 79;
Gesa Kohlenbach: S. 133; Koridass: S. 147; Stephan Kuffler: S. 81; Arne Landwehr: S. 33; Eileen Leister: S. 31, 51, 55,
97, 99, 103, 139; Kimberly Lloyd/Qompendium: S. 29; Harald Lueder: S. 69; mattiaqua: S. 23; Ronald Nickel: S. 73;
Opera Classica Europa: S. 129; © panthermedia.net/hermann: S. 105; Martina Pipprich: S. 115; Schönburg/Guido
Werner: S. 71; Shutterstock: S. 39 (Enzart), 53 (Christian Colista), 59 (Bertold Werkmann), 89 (Peter Turner), 135 u.
161 (Moskwa), 101 (Rezachka), 107 (Nedezda Boltaca), 121 (Claudia Evans), 123 (Patrick Poende), 141 (Marco
Cianmare), 149 (Malyugin), 151 (Paolo Gianti); Siam Spa: S. 119; Siegfrieds Mechanisches Musikkabinett: S. 63;
Sabine Stieglitz: S. 65; Nina Stölting: S. 11; Taunus Touristik Service e. V.: S. 109, 113, 117; Dietmar Tietze: S. 77;
Petra Tönsmann: S. 9; Unsplash: S. 127; Ignatius Wahn: S. 67; Weingut Gernot Michel: S. 125; Anita Westrup: S. 15;
Whiskykoch: S. 91; Wiesbaden Marketing GmbH: S. 37 (Raphael Maxim Guillou), 87, 93, 167 (Kajul Photography);
Friedrich Windolf/Lutherkirche: S. 13; Wissenschaftsstadt Darmstadt, Alex Deppert: S. 75; Dieter Wolf: S. 137
Druck und Bindung: Gutenberg Beuys Feindruckerei GmbH, Langenhagen
ISBN 978-3-7700-2029-4

www.drosteverlag.de